五星红旗迎风飘扬

军事科普丛书

海空霸主

航空母舰

HAIKONG BAZHU HANGKONGMUJIAN

WUXINGHONGQI
YINGFENG PIAOYANG

李杰 恩东 著

未来出版社

图书在版编目（CIP）数据

海空霸主：航空母舰 / 李杰　恩东著. -- 西安：未来出版社，2015.5（2016.9重印）
（五星红旗迎风飘扬）
ISBN 978-7-5417-5489-0

Ⅰ. ①海… Ⅱ. ①李… Ⅲ. ①航空母舰 - 青少年读物
Ⅳ. ①E925.671-49

中国版本图书馆CIP数据核字（2015）第102896号

五星红旗迎风飘扬
海空霸主——航空母舰　李　杰　恩　东著

策划编辑	尹秉礼　王　元
责任编辑	高　安　须　扬
装帧设计	许　歌
排版制作	未来图文工作室
出版发行	未来出版社（西安市丰庆路91号）
印　　刷	兰州新华印刷厂
开　　本	710mm × 1000mm　1/16
印　　张	17.25
版　　次	2016年9月第2版
印　　次	2016年9月第3次印刷
书　　号	ISBN 978-7-5417-5489-0 01
定　　价	34.50元

序

回眸20世纪的百年硝烟，我们不能不惊叹于那些尖端高科技武器装备在世界军事史上发挥的前所未有、令人震撼的作用。原子弹、氢弹、导弹、卫星、核潜艇、航空母舰等，这些堪称“撒手锏”的武器装备，极大地改写了战争的概念，重塑了国防的版图，刷新了人们对国防理念的认知。

中华民族是爱好和平的民族，然而数千年“重文轻武”、“重道轻器”的传统，却使中国军事科技也掉入“李约瑟之谜”中，近代以后国防军事实力远远落后于世界，致使在反侵略战争中吃尽苦头。

自1840年中国的大门被英国的“坚船利炮”敲开以来，积贫积弱的旧中国一再被西方列强欺辱，致使中国迅速沦为半殖民地半封建社会。1932年“一·二八”事变后，日本海军的“能登吕号”航母侵入中国上海，航母上的大批舰载机对中国守军狂轰滥炸；14年艰苦的抗战期间，中国海军因没有一艘航母，也几无飞机，迅速丧失了制海权，只落得被动挨打的境地。

先进的军事科技从诞生到使用，不断引发军事变革，也不断向国防提出严峻挑战。恩格斯曾预言：“一旦技术上的进步可以用于军事目的并且已经用于军事目的，它们便立刻几乎强制地，而且往往是违反作战指挥官的意志而引起军事上的改变甚至变革。”放眼中外国防史，这样的事例举不胜举。

二战中期，英国皇家海军“威尔士亲王号”战列舰和“Z”舰队的覆灭，宣告“巨舰大炮”时代的终结，而代之以航母夺取制海权时代的到来。对此，美国海军比日本海军的认识要更敏锐，理念也更先进。在中途岛战役后，美国之所以反败为胜，与其高于日本的海权观密不可分。凭借先进的制海权思想和强大的国力，美军航母快速发展，数量迅速跃居世界第一，因而能在太平洋战场重拳出击，气势磅礴地发起海空联合作战，秋风扫落叶般地击碎日本军国主义的海上势力。

核武器，在二战中诞生，二战末首次用于日本广岛、长崎。其可怕的威力，令世人警醒，同时也催生了核战争理论。出于对核战争的恐惧，冷战时期，全世界战战兢兢地笼罩在美国、苏联两国恐怖的“核均势”中。

核潜艇，不仅因其可超长潜航，更因可携带核武器，在全世界悄无声息地发射核导弹，这样的“第二次核打击力量”让各大国倾心不已。其跨越洲际的战略投送能力，强化了核报复理论。

二战后期，德国纳粹发射的V-1、V-2导弹，未如希特勒所愿拯救垂死的第三帝国，却让西方军界眼睛为之一亮。一种新的超视距作战武器和作战模式就此诞生。到越南战争时期，美军轰炸清化大桥，数百枚炸弹没有完成的任务，仅一两枚导弹即可完成；海湾战争中，美军从波斯湾发射的“战斧式”巡航导弹直入伊拉克国防部通风口，给世人留下了深刻的印象。导弹参战引发了精确作战理论，使得“斩首”行动以及反恐作战“定点清除”战术得以实施。

苏联“卫星-1号”升空，将人类探索太空的历史掀开了崭新的一页，从此，一颗又一颗的大国卫星升入太空。卫星不仅成为指挥系统的核心节点，而且使太空成为大国角逐的新空间，“高边疆”战略思想、太空战理论相继诞生。卫星在国防上的作用也不断地刷新着人们的观念。比如，第四次中东战争期间，美国“大鸟”卫星发现大苦湖埃及军队防线有一个缺口，以色列军方据此派沙龙装甲师深入埃及国内，将埃军第三集团军反包围起来，从而反败为胜。

今天，军用卫星对数字化部队、对导航等的影响可谓无所不在，军用卫星演化成为信息化战争核心的战略节点。冷战结束后，以海湾战争、伊拉克战争为标志，信息化战争已向我们走来，战争的形态呈现出非线式、非接触、非对称发展的特点。面对信息化战争的挑战，世界各主要国家竞相开展军事变革，国防实力不断攀升。

国无防不安，战胜方能强立。历史告诉我们，近代中国反侵略战争之失，从国防角度看，很大程度上正失之于缺少航母、飞机、坦克等高科技武器装备，以致丧失了制海权、制空权、制陆权。未来信息化条件下，如果我们还缺少世界领先的卫星、导弹、核潜艇、核武器、航母等大国利器的话，我们将丧失制太空权、制电磁权，继而也丧失制海权、制空权、制陆权。

国防的根基深植于科技之中。新中国成立以来，中国的科技工作者以建设强大国防为己任，向世界先进水平奋起直追，独立自主、自力更生，集智攻关、无私奉献。在研发导弹、原子弹、人造卫星、神舟飞船等工程中塑造了“两弹一星”精神、航天精神，取得了世界瞩目的辉煌成就：世界一定不会忘记，中国从“东方红-1号”卫星的成功发射到“神舟七号”航天员翟志刚高举五星红旗在太空行走；世界一定不会忘记，1974年，“长征一号”核潜艇首航成功，1985年底中国核潜艇航行两万余海里；世界也一定不会忘记，中国军队地空导弹部队击落了入侵领空的RB-57D高空侦察机，并多次击落来犯的美式U-2飞机，创下了世界上首次用地空导弹击落高空侦察机的纪录；世界也一定不会忘记，中国在1959年成立第一支地地战术导弹部队，1964年成功爆破了第一颗原子弹，1966年成立了第二炮兵部队，2015年的最后一天改为火箭军，形成了一支令敌人望而却步的战略威慑力量……

今天的中国国防力量正向信息化军事变革阔步迈进，从“九三”大阅兵中，世人已然看到，今日长城更加巍峨雄壮！中国军队已是一支强大的国防军。但毋庸讳言，与世界强军的先进水平相比，仍有相当大的差距。

最好的防御是进攻，最好的盾牌乃是利剑。正如约里奥·居里转告毛泽东的话："中国要反对核武器，自己就应该先拥有核武器。"我们爱好和平，我们愿化剑为犁，但国际社会的现实情况不允许我们这样做，世界仍不太平，除传统的弱肉强食的冷战式威胁外，又加上了非传统的恐怖主义等威胁。今天中国已是世界第二大经济体，中国的成就令世界瞩目，随着我国经济的迅速发展，国家利益已扩展到太空、远洋和电子空间，这些领域的捍卫，必须有相应的利器予以保障。

少年智则中国智，少年强则中国强。共和国大国利器的锻造，需要广大青少年以史为鉴，从小树立爱国情怀，以科技为本，爱军习武。有鉴于此，我们策划了这套介绍各类高技术武器知识的科普丛书"五星红旗迎风飘扬"，通过讲述一系列生动的军事历史故事和各国研发高科技武器并不断更新换代的过程，潜移默化地传递先进的国防理念，以期让青少年了解国防知识，洞悉国防机理，辩证分析国际军事形势，激发青少年的爱国热情，进而积极投身于国防科技创新与未来国防建设中去。

为激发青少年的科学精神，本丛书还着重介绍了中国科学家在艰难困苦的环境下，探索研发的艰辛曲折过程，讲述了以"两弹一星"元勋为代表的前辈科学家献身科学的精彩故事，积极弘扬"热爱祖国、无私奉献、自力更生、艰苦奋斗、大力协同、勇于登攀"的"两弹一星"精神，以期这一精神能够在青少年身上薪火相传，发扬光大，让五星红旗永远高高飘扬。

这套丛书共分5册，书名分别为《太空作战——军事卫星》《大国重器——核武器》《海空霸主——航空母舰》《巨鲨猎洋——核潜艇》《霹雳神箭——导弹》。

刘波

目录

五星红旗迎风飘扬 WUXINGHONGQI YINGFENG PIAOYANG 军事科普丛书

海空霸主——航空母舰

HAIKONG BAZHU ★ HANGKONGMUJIAN

第2章 “叱咤风云”逞神威 /51

第3章 “海上霸主”领风骚 /125

前言

纵观灿烂辉煌的世界历史，从15世纪以来，葡萄牙、西班牙、荷兰、英国、法国、德国、日本、俄罗斯、美国这九个先后崛起的国家，其在世界上的优势力量，大都是建立在制海权的基础之上。即便像法国、德国、俄罗斯这样的传统陆上强国，在其全盛期，其海上力量也不容小觑！

虽然早在2000多年前，古罗马哲学家西塞罗就曾说过“谁控制了海洋，谁就控制了世界”这样的警句，但直到1890年前后，美国海洋战略的鼻祖阿尔弗雷德·塞耶·马汉才首次提出了“海权”的概念，并逐步演绎为一套完整的海权理论。马汉的海权理论，深刻影响了美国的外交思想和军事战略，并成为美国海军发展和海外扩张的理论基础。就这样，在19世纪最后10年，美国海军实力由世界第12位跃升为第3位。进入20世纪

以后，美国海军力量的发展壮大更是完美地阐释了“谁控制了海权，谁就控制了世界”这一论断。

历史证明，一个国家的发展与崛起离不开海权！

近几十年来，随着中国经济持续、高速的发展，综合国力不断增强，有关“中国崛起”的话题始终不断被热议！

中国的崛起固然要受到诸多因素的影响和制约，但无疑的一点是：中国要发展，离不开海洋；中国要崛起，更离不开海洋，尤其不能没有海权！

从国土构成上看，中国是一个海陆复合型国家，海洋承载着中国崛起的诸多安全利益和发展利益。近代中国闭关自守、有海无防，制海权的丧失,导致泛海而来的东西方列强一次又一次的入侵，使得一部中国近代史成了一部悲怆的屈辱史！即便是1949年新中国成立后，祖国的宝岛——台湾，由于孤悬海外，加之美国的干涉，以致迄今尚未回归祖国的怀抱。所以，没有强大的海军就没有真正意义上的国家安全。

如今，中国的海域也并不风平浪静，东海争议、南海争端愈演愈烈，中国的许多岛礁被窃据，大片的蓝色国土被蚕食，大量的海洋油气资源被盗采……这些触目惊心的海上纠纷和复杂激烈的海洋形势，正呼唤着中国海权意识的加速提升，促使着“强大海军梦”早日实现！

2012年9月25日，当中国的首艘航空母舰“辽宁”号正式入役

后，在中国激起了巨大的反响；而有关航母的话题，也迅速成为中国社会的一个热点。尽管这艘航母雏形不是中国设计的，而是由“瓦良格”号旧舰体改装而成的；且谈不上如何先进，只是中国海军的试验和训练航母，但它还是引发了中国人的航母激情，因为它承载着几代中国人“海洋强国”的世纪梦想。

新中国成立后，由于国家的基础差，底子薄，中国海军走过了一条坎坷曲折、渐进发展、蓬勃向上的发展道路。如今，中国海军不仅拥有了世界一流、性能先进的驱逐舰、护卫舰、综合补给舰、常规及核潜艇、大型现代医院船等，还有了自己第一艘航空母舰“辽宁”号。尽管我国海军现在与世界海军强国还有一定的差距，但可以预见的是，中国将研发、建造数量更多、性能更优的航空母舰、两栖攻击舰、快速支援舰、大型驱逐舰、AIP潜艇等各类大中型战舰及特种飞机。届时，中国的航母等大中型战舰编队将驰骋于世界大洋，全面保卫和维护我国日益拓展的国家利益；中国海军将从一个数量规模型的大国海军加速向质量效益型、智能信息化型的强国海军迈进！我们有理由期待：当中国成为真正意义上的世界海洋强国之日，也就是民族伟大复兴、中国崛起之时。

我们编写这本《海空霸主——航空母舰》，不仅是为了回应广大读者特别是青少年读者对航母的热情，而且也是想为他们提供更多更系统的有关航母的知识。我们把对航母的介绍置

放在了世界百年的海军装备发展和各国对海权控制的争夺这样一个历史大背景中，这样，读者既能够从技术层面了解航母，也能从战略层面了解自20世纪以来航母在各海洋强国对海权的争夺中所扮演的重要角色和所起到的关键作用。同时，我们在本书中也尝试预测了未来航母的发展趋势，展望了中国海上力量的辉煌前景。

总之，我们希望本书的各阶层读者尤其是青少年读者，不仅能够更全面更深刻地了解航母，而且也能由此增强海权意识，从而立志献身于中国“海洋强国”的建设中去。如是，则中国崛起不再遥远！

第1章 “饱经沧桑”的航母

1.1 “金鸟”号的冒险起降

格伦·柯蒂斯是一位大名鼎鼎的航空设计师，更是一位伟大的预言家。对飞机在海战中的作用，他曾做出大胆的预言：“未来的战斗将在空中进行；由于战列舰受到炮塔和桅杆的限制，战斗机不能从战列舰上起飞，而战列舰离开飞机的保护，将被击毁。”他的这番预言被后来的实践所证明：只有发展诸如航空母舰这样的新型战舰，才能既顺利地起降飞机，又能居高临下地保护战列舰的安全，免遭对方的打击！

《法国航空周刊》在1909年刊登的格伦·柯蒂斯操作他所设计的飞机的照片

1908年是柯蒂斯的幸运之年。这天，他突发灵感，把一台40马力的发动机安装到一架双翼滑翔机上，制成了一架模样怪异的螺旋桨推进式飞机，并为它取了一个与飞机外形风马牛不相及的名字——“六月甲虫”号。7月4日，他在郊外的一座小机场进行了首次试飞试验。这架“六月甲虫”号飞机也真给他长脸，竟以每小时64千米的速度，飞行了1分42秒，距离长达1810米。这一成就，在当时的美国是万人景仰的，柯蒂斯也由此获得了美国航空俱乐部颁发的1908年度“科学美国人奖”。第一架飞机的成功，使柯蒂斯对飞机的兴趣大增，很快他连续推出了几种性能不错但模样有点怪异的飞机。

这年下半年，柯蒂斯又把自己的注意力由陆上改为海上，即把两个有利于海面支撑滑行的浮筒安装到“六月甲虫”号两个机翼的下方，并给它起了一个与海生物有关的名字——“潜鸟”。但此后的水上起飞试验却连连失败；尽管如此，他的一系列尝试仍为其后来成功设计“金鸟”号飞机及其舰载起飞与降落，奠定了可靠的基础。

“六月甲虫”号飞行时的照片，时间是 1908 年 7 月 4 日

当时，军舰上搭载的水上飞机起降过程，非常烦琐但也颇有意思：飞机准备起飞前，先用舰上起重机把它吊放到水面，随后它在海面上滑行加速起飞；执行任务返航后，先降落在战舰附近的海面上，然后再使用舰上的起重机将其吊回舰上。为了设计出更好的飞机，有一天，柯蒂斯决定驾驶飞机尝试一下这个过程：他先驾机从海面上起飞，然后降落到停泊在圣迭戈湾的“宾夕法尼亚”号重型巡洋舰舷侧的海面上，接着用舰上的起重机将飞机吊上战舰；航行靠港后，再用起重机将飞机吊放回海面，随即拉起升空返回基地。

在柯蒂斯一生中，最令他感到自豪的是，自己“催生”了飞机和大型战舰的完美结合，也就是“雏形航母”的问世。当然，这个创意还和德国人有关。1909 年的一天传来一则消息：德国人要在从汉堡到美国的航线班轮的前甲板上搭载一架飞机，以加快邮件的投递速度；这事引起了美国人，特别是海军物资局局长助理欧文·钱伯斯海军上校的警觉。

他连夜闯到海军物资局局长家里，“报告将军！德国人的举动将给我们带来巨大的被动！”他情绪非常激动。

“有这么严重吗？”局长显然没有认识到问题的严重性。

“非常严重！德国人这次出奇的举动，是否是以‘邮政实验’作掩护，演练一种‘特殊’的越洋攻击美国的新战术呢？所以我们不能落在德国人的后面，要赶紧着手飞机在军舰上的起降试验！”

“好吧！你的意见我会认真考虑，并禀告上峰！”

不久，钱伯斯上校获得了一个响当当的头衔，而且是美国海军部正式“封赐”的“飞机在军舰上进行起降试验的总指挥”；但没给他提供一分钱的试验经费。所幸的是，允许他调配使用停泊在弗吉尼亚汉普顿锚地的“伯明翰”号军舰，进行飞机的起降试验。

这下，钱伯斯上校可真犯了难，没钱咋办？下一步试验怎么进行？一连几天，他跑断了腿，连续会见多家公司的老板，请求他们出资完成一项“彪炳”美国海军史的“伟业”，但这个东西对于民营企业到底有何用？会带来哪些效益？

商人就是商人，谁也不肯干赔本的买卖！不过这回还算皇天有眼，一天他接到了柯蒂斯的电话，说自己愿意提供一笔不用回报的赞助费，而且还可以提供一架飞机，理由很简单，他对飞机上舰几乎到了痴迷的程度。

美国早期飞行员尤金·伊利的唯一一张肖像照

“太好了！”钱伯斯上校高兴地猛捶了一下桌子，但随即意识到自己是否激动过头了？有了钱，他简直如鱼得水，马上打电话请柯蒂斯过来商量具体事项，同时考虑由柯蒂斯的学生，也是柯蒂斯公司飞行表演队的飞行员——尤金·伊利，来担任今后的试飞任务。

钱伯斯上校与他结识时间不长，但一眼就喜欢上这位当时年仅21岁的民间飞行员尤金·伊利。大学刚毕业的他，浑身充满朝气，没有任何从军的经历，是个开车的好手，而且对机械有着特殊的兴趣。尽管知道进行试飞赚不了什么钱，可尤金·伊利仍义无反顾，毅然决然地表态：不给一分钱，也将完成这项试验！

下一步，钱伯斯上校决定先干两项事：一是改装舰甲板；二是建造一架适合在舰上起飞的飞机。

美国海军“伯明翰”号轻巡洋舰。该舰有幸成为世界上第一艘供飞机起飞的军舰

在弗吉尼亚州诺福克海军船厂，归钱伯斯上校调拨的唯一战舰——“伯明翰”号巡洋舰缓缓驶入。一群工程师和熟练工人蜂拥而上，又量、又锯、又钉……忙乎了好些日子。这天，只见前甲板上铺设了一条长25.3米、宽8.2米的木质起飞跑道；而在跑道的起点，人们放眼望去，只见停放着一架被称作“金鸟”的崭新飞机，这是格伦·柯蒂斯免费提供的“柯蒂斯”式单座双翼飞机，用绳索牢牢地系在跑道上。万事俱备，只欠东风！

然而，德国人多次调整计划，美国人决定抢在他们的前头，提前试飞。尤金·伊利更是急不可耐，执意要求马上就进行试飞。而德国人也太急于求成，准备过于仓促，以致发生了严重的坠机事故，于是很长一段时间再也没有进行这方面的试验。“伯明翰”号轻型巡洋舰虽然跑道长20多米，但能用于起飞的那段也就18米左右。为了确保试飞的安全，钱伯斯上校下令：每次“伯明翰”号巡洋舰以20节航速逆风行驶，为飞机起飞增加一定的相对速度。舰载机在母舰上起飞时，母舰之所以要逆风行驶，简单点说，就是为了增大迎风面，增加飞机的相对速度来增大飞机起飞时的升力，同时也能提高飞机的有效载荷。

1910年11月14日，经过改装的“伯明翰”号轻型巡洋舰，在3艘驱逐舰的护航下，驶抵美国东海岸汉普顿的锚地。这天天气十分糟糕，乌云压顶，雨中还夹着阵阵冰雹，能见度几乎为零。

一直等到下午3点，天气变得更加恶劣，伊利知道如果再等下去，天气根本不可能好转起来；于是他果断地踏上飞机，迅速启动了发动机，并发出起飞准备信号。而此时巡洋舰才刚刚开始起锚；3时16分，伊利不断加大飞机油门，还没等上峰发出飞机起飞的信号，“金鸟”号飞机便在下倾5°的木质跑道上不断加速滑跑起来。可惜，由于滑跑距离太短，在脱离军舰的瞬间，飞机未能达到足够的起飞速度，越过舰艄后便急速掉了11.3米。“金鸟”号飞机在海面上空艰难地挣扎着，

尤金·伊利驾驶的“金鸟”号从“伯明翰”号轻型巡洋舰上起飞瞬间的照片

机上的木质螺旋桨、轮子和浮筒几次撞击海面而受损。

伊利凭借着平时苦练的高超驾驶技艺，控制着因螺旋桨受损而抖动不已的飞机。雨仍下个不停，能见度也变得更差，这更增加了伊利驾驶的困难。飞机在离海面只有几米的高度上蹒跚前行着。不久，他终于看到了斯皮特海滩，小心翼翼地让受损的飞机降落，胜利地完成了这段长达 41 千米具有划时代意义的飞行。

起飞试验可谓“有惊无险”，不过结果还算理想。于是，钱伯斯海军上校决定一鼓作气，马上进行飞机在军舰上的降落试验。

此前，因为有“伯明翰”号巡洋舰上起飞“金鸟”号飞机的成功报道，加之各家报刊推波助澜的宣传，于是再进行飞机着舰试验似乎变得顺理成章。这次，钱伯斯上校也不用再像上次那样求爷爷、告奶奶，到相关部门完全没费太多的口舌，当局就痛快地予以批准：实施飞机着舰试验！

美国海军重型巡洋舰“宾夕法尼亚”号的照片。该舰体型更大，显然更适合飞机起降试验

不过，由于有起飞试验舰甲板太短的教训，最后钱伯斯上校决定选择块头较大的“宾夕法尼亚”号巡洋舰来试验；他先在舰的后甲板上铺设了一条长 36.58 米、宽 9.75 米的木质降落平台；降落平台四周加装了木质护板，以防止飞机滑到舰外。为了防止毁机事故，

在舰的滑行坡道末端还加装了帆布拦阻网，这样即使飞机冲出降落平台也不致撞到舰上的上层建筑。

至于试飞员，钱伯斯上校仍点将尤金·伊利。此时的伊利似乎换了个人，虽依旧大胆勇敢，但对细节把关却很严：试飞前，他对降落平台全面、仔细地察看了一番，首先发觉平台长度有点短；其次没有设置制动器予以制动，弄不好很可能冲出跑道。

“怎么办？”尤金·伊利犯了愁，危险性不小，但他又不想打退堂鼓。

“可以装两个挂钩！”周围叽叽喳喳的议论声中，有一句话飞入伊利的耳中。

“对啊！可以装设挂钩。”伊利高兴地跳了起来，马上去找钱伯斯上校落实。

很快，“金鸟”号飞机轮架上装上了两个挂钩，在木质降落平台沿横向铺设了 22 根用马尼拉麻制成的拦阻索，索架高 30 厘米；拦阻索两端分别系着一个 22.6 公斤的沙袋，将拦阻索拉紧。飞机降落时，机身下方钩子只要钩住拦阻索中的任意一根，飞机滑跑一段距离后便会缓缓地停下来。这个简单而卓越的拦阻方式，成了后来航空母舰拦阻装置的标准形式，并一直沿用至今；所不同的是，原来的沙袋由较复杂的液压制动器替代。

知识卡

拦阻索

拦阻索是用于吸收着舰飞机动能、缩短着舰滑行距离的装置。螺旋桨舰载机和直式甲板航母时代，飞机着舰后必须在飞行甲板三分之二处停住，否则就会冲入前方停机区。在直式甲板航母上一般设有 10－15 道拦阻索和 3－5 道防冲网。而现代航母上的喷气式舰载机降落时并不关闭发动机，情况不好可以马上复飞，所以拦阻索大大减少，一般设有 4 道。

拦阻索

试验开始前，又出现一点小波折。原本要求“宾夕法尼亚”号巡洋舰上的着舰试验要在航行中进行，这样可以相对地降低飞机的降落速度。但“宾夕法尼亚”号舰长庞德海军上校告诉伊利，旧金山湾太拥挤，如果伊利坚持要在航行中的战舰上进行降落试验，那么，“宾夕法尼亚”号就得开到海湾外面的太平洋上。权衡再三，最后还是决定在巡洋舰的锚泊状态下进行试验，伊利也只好同意。

世界上任何一次伟大的试验，并非总是一帆风顺的。老天往往爱给一点颜色瞧瞧。1911 年 1 月中旬，正是美国海军决定飞机进行着舰试验的关键日子，加利福尼亚州的外海天气，却始终阴雨蒙蒙。18 日这天，天气略微放晴。尤金·伊利计划上午从岸上坦福兰机场起飞，并于 11 点降落在“宾夕法尼亚”号巡洋舰上，两地距离约 19 千米。伊利头戴一顶外形像足球的皮制飞行帽，胸部缠有两条自行车内胎，以代替标准的海军救生背心，因为穿着海军救生背心飞行他感到很不方便。

就在起飞前，他又得到一条不好的消息：旧金山湾的风逆着涨潮方向，“宾夕法尼亚”号舰尾正好迎着风；这意味着，他驾驶的飞机在舰上降落时，

尤金·伊利操作“金鸟”号降落在“宾夕法尼亚”号重型巡洋舰上的照片

降落速度反而有所加快。但是，伊利顾不得这些了，他不愿再耽搁，立即爬进“柯蒂斯”式飞机座舱；一名技工转动了飞机螺旋桨，启动了飞机发动机。10 点 45 分，飞机急速腾空，朝停泊在旧金山湾的“宾夕法尼亚”号巡洋舰飞去。

他沿着海岸线飞行，飞着飞着，天气奇迹般地好转了。当距离“宾夕法尼亚”号巡洋舰还有大约 3.3 千米时，伊利把飞行高度降到大约 30 米，这时他清楚地看到，降落平台上整齐地排列着 22 根拦阻索。伊利使飞机对正木质甲板，减小油门，开始降落，却突然发现，风向有偏差，不是正对着舰艉，而是偏右了约 10 度，如果这样降落，飞机就会偏向左舷；他当即修正航向，使飞机正对着风向，并及时关闭了油门，“柯蒂斯”飞机稳稳当当地降落在军舰上，机上的特制挂钩因飞机速度太快，只钩住了设置在舰上的 22 根绳索中的后 11 根；在这 11 根绳索两端沙袋拉力的作用下，“金鸟”号终于缓缓停了下来，此时飞机距跑道终端仅约 9 米。

“金鸟”号再次完成了一项伟大的壮举！尤金 · 伊利激动地跳出驾驶舱；他踏上甲板尚未站稳时，他的妻子梅布尔热烈地上前将他紧紧拥抱，原来她是作为庞德舰长最珍贵的客人来祝贺这次试验的巨大成功。前后仅隔两个月的时间，尤金 · 伊利先后创造了两项世界纪录：首次从“伯明翰”号巡洋舰上驾机升空，首次驾机在“宾夕法尼亚”号巡洋舰上降落。一小时以后，尤金 · 伊利再度驾驶这架“金鸟”号双翼机在“宾夕法尼亚”号巡洋舰上起飞，并在其上空盘旋一周后，飞往坦福兰机场。

尤金 · 伊利驾驶“金鸟”号飞机顺利完成在巡洋舰上的起飞与降落，既得益于他的勇敢精神和高超的驾驶技术，也得益于钱伯斯海军上校这位“伯乐”，以及当时美国海军航空兵团队的科学严谨态度与大量务实的试验。

尤金 · 伊利的“冒险”起飞与降落不仅开启了飞机上舰的标准模式，而且由此孕育、诞生了一种全新战舰——航空母舰。

1.2 邓宁折载“暴怒”号

美国人在军舰上飞机起飞和降落试验方面走在了各国前列，曾一直是世界头号海军强国的英国自然心有不甘。

1917 年 3 月，英国皇家海军决定将一艘正在建造中的大型巡洋舰“暴怒”号改装为飞机母舰。“暴怒”号的前主炮被拆除，舰体的前半部也加装了一条 69.5 米长的木制的飞行跑道；改装后的“暴怒”号被称为“飞机载舰”。它的标准排水量为 19153 吨，最大航速 31.5 节，可搭载 10 架飞机，包括 6 架“幼犬”式战斗机和 4 架“肖特 184”式水上飞机。

可惜的是，改装后的“暴怒”号仍由于舰上高耸的塔式桅杆和烟囱的阻碍，起飞后的飞机无法直接降落到母舰。于是，通常的做法是先将飞机降落在“暴怒”号战舰附近的海面，然后再使用起重机将其吊回舰上。

“这样的回收方式实在太费劲！”

邓宁少校向指挥官抱怨道。

知识卡

节、海里

节以前是船员测船速的，每走 1 海里，船员就在放下的绳子上打一个结。“抛绳计节”早已成为历史，但“节”作为海船航速单位被沿用。1 节 =1 海里 / 时。

海里是计量海上距离的长度单位。人们规定地球椭圆子午线上纬度 1 分所对应的弧长为 1 海里。我们都知道地球是一个椭圆，纬度 1 分对应的弧长是不相同的。所以赤道上 1 海里的长度最短，纬度越高海里的长度也就越长。目前我国和世界上大多数国家都采用 1929 年国际水文地理学会议通过的海里的标准长度，1 海里 =1.852 千米。

初次改装后的“暴怒”号，此时该舰仅仅是在舰首部分铺设了飞行甲板

“我将尽快找出一种着舰方式。”

“可以，你试试。不过一定要注意安全！”

邓宁少校查阅了以往多次飞机直接着舰的记录：此前，的确有一位名叫威廉·迪克森的飞行少尉，曾创造过驾机直接降落舰上的经历（这名少尉后来成了英国皇家空军元帅）。不过试验时的“暴怒”号战舰是在海上锚泊不动的。

因为当时舰上并没有拦阻装置，起飞甲板也不够长，欧内斯特·邓宁少校与其他飞行员商量后认定：如果“暴怒”号以25节航速逆风行驶的话，在舰上降落还是有一定把握的；当然此时如果采用侧滑方式将飞机降落在舰上，可能把握就会更大一些。

1917年8月2日，这是一个值得纪念的日子。一切准备就绪后，邓宁少校迅速跃入“幼犬”双翼战斗机座舱，随即启动发动机。舰上的人员都瞪大了眼睛，紧握双拳，看着飞机不断地加速滑跑。突然间，“幼犬”战斗机猛地冲出甲板，竟一头栽向大海；许多水兵吓得惊叫起来，都以为这下必栽无疑了！谁知此时机头鬼使神差般地拉了起来，飞机继续跃入空中。紧接

坐在“幼犬”双翼战斗机上的邓宁少校。数日后，他因飞机失控而身亡

着，他驾驶飞机围绕着“暴怒”号转了一圈，瞅准从舰舷左侧并采用与军舰平行飞行侧滑的方式实施降落。飞机缓缓地降落着，当到达一定高度时，邓宁少校从机上抛下几根事先准备好的绳子；舰上人员连忙冲上前去牢牢地抓住绳子，把“幼犬”战斗机急速拽到舰上。应该说，邓宁少校的首次侧滑降落还是比较成功的，此举成为世界上飞机在航行中军舰上首次降落的尝试。

几天之后，邓宁再次试图尝试这个危险的降落方法时，由于强风干扰，地勤人员未能抓住绳子，无法控制飞机速度，飞机最终翻出军舰坠入海中。邓宁在强烈撞击下溺水休克，当场死亡。

血的教训使英国人明白，仅靠驾驶员的高超技术，是无法弥补装备方面的根本缺陷的，要实现常规飞机在军舰上的安全起降，必须彻底改变母舰的结构。

1917 年底至 1918 年初，英国皇家海军“暴怒”号再度被“大卸八块”，改装的部位非常之多，面目几乎全非：军舰的后主炮和后桅杆都被拆除，又在舰体后部加装了 86.6 米长的飞行甲板。这样，以舰体中部上层建筑为界，前部 69.5 米长的飞行甲板用于飞机起飞，而后部 86.6 米长的飞行甲板则用于飞机降落；舰上飞机可同时且互不干扰地进行

1918 年，完成后甲板改造后的“暴怒”号。但此时它仍不是直通式甲板

起降作业。尽管如此，“暴怒”号上的飞行甲板仍然不是后来颇为盛行的全通式飞行甲板。经过如此改装后，飞机虽能勉强着舰，但由于舰体中部的舰桥、桅杆特别是烟囱产生的湍流影响，飞机着舰仍然十分困难。

1.3 “纯种航母”桂冠该属谁？

绝大多数人都不怀疑，世界上第一个发出“纯种航母”订单的海军是英国皇家海军，因为当时的英国海军舰艇和飞机是其他任何国家海军都无法匹敌的。虽然那个“纯种航母”设计与建造距今已有近百年了，但英国人当初创意建造的航母与今天的航母，依然在外形上颇有几分相似之处，且在布局上相似性也很多。而此前，大多数国家的航母都是使用运输舰船或商船等船舶改装而成的，均不是专门设计的航母。

在世人眼里，英国人总是绅士风度十足，可骨子却有着“敢为天下先”的素质，在航母技术方面就曾创下过多项“世界第一”：

首次采用全通式飞行甲板。这种飞行甲板彻底颠覆了此前航母前后甲板不贯通，起飞区和降落区完全隔绝开的状况，使前后甲板一贯

1918 年完成改装入役时的“百眼巨人”号。该舰是世界第一艘贯通式甲板航母

到底。这样，全通式甲板的起飞区和降落区不再有明显的界限分隔，可以相互借用而彼此又互不干扰。可以说，全通式的飞行甲板大幅度提高了舰载机的起飞和降落效率。为了能尽早在海军航母中推行全通式飞行甲板，1917 年英国海军先进行了一番尝试，它在建造中的邮轮“卡吉林”号上铺设了一条全通飞行甲板，使之成为世界上第一艘装设全通飞行甲板的航空母舰，并更名为“百眼巨人”号。当然，更独具匠心之处是，将舰上原有的烟囱拆除，设计出从主甲板下面通向舰艉的水平排烟道，从而彻底清除了烟尘妨碍飞机起降的最大障碍。

首次使用封闭式舰艏。封闭式舰艏是航空母舰前端的一种特殊设计，它是将舰艏从下面的水线到上面飞行甲板，全部采用全封闭的构造方式；早期传统的开放式航母舰艏对于舱内设施和飞机等存放都非常不利，航行时阻力也较大。日本航母曾非常固执地坚持使用开放式航母舰艏，结果吃了大苦头：一次有两艘日本航母在航行中突然遭遇强台风，巨大的涌浪把整个飞行甲板都摧毁了，导致整个作战行动被迫取消。有了这个教训，后来各国的航母设计师纷纷采用封闭式舰艏这项实用性极强的设计，解决了大问题。

首次设置了岛式上层建筑。在此之前，全通式飞行甲板已得到很多航母设计师的青睐，只是烟囱该怎样摆放，这让各国海军极为头痛！怎样才能使喷出的烟气不影响舰载机的起飞与降落？可以说，各国一直都在寻找，却始终没有找到妥善的解决办法：例如日本人曾设计出“独创”的舷侧边烟囱方式，必要时可以倒放；但由于强度不够，释放出的烟气处理不当，反而会影响舰载机的起飞和降落。最终，还是聪明的英国人在“竞技神”号航母舰体的右舷边，配置了一个环绕烟囱的大型舰岛，建成了一个比日本“凤翔”号航母大得多的岛式上层建筑。新设计的右舷舰岛，把整个烟囱环抱在内，这样既美观又牢固；这种设计运用至今仍被多国航母所采用。日本“凤翔”号航母不知何因，后来放弃了岛式上层结构，所以“竞技神”号实际上也是世界上第一艘真正采用岛式结构的航母，并成为后来各国航母争相模仿的标准样板。

摄于 1924 年时的“竞技神”号航母。该舰是第一艘拥有舰岛的航母

首次装设批量中口径火炮。“竞技神”号航母与他国航母还有一点很大的不同，即配备有前所未有的强大火力。很多人迄今也弄不明白，为啥满载排水量仅 1 万吨左右的航母上，不仅搭载有数十架鱼雷攻击机，还安装了 14 门各种口径的火炮：6 门 140 毫米单管炮，4 门 102 毫米单管炮和 4 门 47 毫米单管炮。其中，6 门 140 毫米单管炮既可用于对岸、对舰炮击，又可用于对空射

击；而 4 门 102 毫米单管炮和 4 门 47 毫米单管炮，更多的是用来防空作战，打击来袭飞机。

1917 年 4 月的一天，英国“竞技神”号航母开工建造。本来，它完全有可能再创造出一项世界纪录，只是后来

1922 年正在试航的日本“凤翔”号航母。由于比“竞技神”号早半年服役，该舰得到了“世界第一艘正式设计建造航母”的称号

因第一次世界大战的结束，航母的建造工期被明显拖延下来，以至于一直拖到 1923 年 7 月才正式加入皇家海军现役。结果，日本人捞到一个大便宜，“凤翔”号虽然比英国人晚了两年多（1919 年 12 月 16 日）才开工建造，但 1920 年日本海军为了扩建海军航空兵，日渐加快建造速度，终于赶在 1922 年 12 月 27 日在横须贺海军船厂竣工下水，并迅速编入现役。日本海军后来居上，让“凤翔”

号抢走了“正式设计建造”的世界第一艘航母的桂冠。

常言道，福无双至，祸不单行！“竞技神”号航母既没夺得第一的头衔，其后的命运也相当不济。第二次世界大战爆发后，“竞技神”号奉命开往远东，编入英国皇家海军远东舰队。1942 年，该航母随英国皇家海军远东主力舰队赴南亚执行作战任务，重点是迎击空袭科伦坡的日本航母编队；在完成任务返航时，却被日本航母编队的舰载机发现。

日本航母编队司令南云忠一海军中将觉得在美国人那里没捡到多少便宜，于是决定拿英国人来垫背。他把所有怒火都集中到“竞技神”号航母上，歇斯底里喊道：“所有舰载机出动，一定要炸沉‘竞技神’号！”

不巧的是，“竞技神”号航母仅搭载有少量的“剑鱼”式和“大青花鱼”式鱼雷攻击机。“剑鱼”式鱼雷攻击机是一款老式的双翼飞机（1936 年开始投入使用），是二战时期的英国皇家海军航空兵使用的主要机型之一。

由日军飞机航拍的“竞技神”号沉没时的景象

面对蜂拥而至的 80 余架日本舰载俯冲轰炸机的猛烈轰炸，“竞技神”号几乎毫无还手之力，只能被动挨炸，航母上的弹药库和油料库接连剧烈爆炸，急速燃起熊熊烈火；没过多久，“竞技神”号就葬身海底，

舰上 280 名官兵也都丧生。这艘服役将近 20 年的老航母以“极其英武”的方式结束了其一生！

1.4 轰炸后的军种“裂变”

他被誉为“美国空军之父”，然而直到他辞世，始终都在美国陆军中供职；他生性刚烈，思想敏锐，一生提倡“空军制胜论”，最初却遭到了海军和陆军的联合反对。但是，第二次世界大战前后的大量战例和众多试验都充分证明：他的许多观点和预测是正确的！正是他的强烈要求和坚决主张，美国于 1947 年建立了独立的空军，以及庞大的舰载航空兵；这些力量在此后的各场战争中发挥了决定性作用。

这个极具争议的人物就是威廉·米切尔！

1879 年 12 月 29 日，威廉·米切尔在法国的尼斯呱呱坠地。年少时，他曾就读威斯康星州教会预科学校 6 年，在这里已显示出他充满活力、富有天才。1898 年美国向西班牙宣战，18 岁的米切尔投笔从戎，成为一名通信连的少尉军官。24 岁成为美国陆军最年轻的上尉。1905 年，米切尔担任了新成立的通信学校助理教官。两年后，米切尔进入野战学校学习，其后不久就因成绩优异而作为优秀毕业生选入陆军参谋学院学习。1909 年米切尔从陆军参谋学院毕业，并与 20 名同学

威廉·米切尔的肖像。这是他在被晋升为准将后的标准照

一起被选入美国总参谋部任职。

米切尔似乎天生就与飞行事业有缘。1916 年秋天，他被弗吉尼亚州纽波特纽斯的柯蒂斯航空学校录取；但当时的财政部有一项明文规定：拒绝支付校级军官的飞行训练费，而这笔费用高达 1470 美元（这在当时是一笔不小的开支）；狂热迷恋飞行的米切尔毫不犹豫地付上这笔费用，开始接受艰难的飞行员培训。

由于平时工作紧张，因此可供米切尔支配的唯一时间就是星期天。所以，每到星期天，他便恨不得一整天都待在机场；只要一得空，他便驾机升空。直到星期一上午，他才精疲力竭地赶回到自己的办公室。经过约 16 个小时这样的大强度训练，米切尔终于获准单飞。1917 年 2 月，美国陆军决定派一名军官到欧洲当航空观察员，米切尔因为懂飞行而得到这一职位；这年 6 月，米切尔被任命为中校军官。在欧洲期间，他访问了英国皇家海军航空兵驻敦刻尔克联队，看到了最好的轰炸机；3 个月后，米切尔在法国正式获得初级军事飞行员的飞行证章。在法国，米切尔获益匪浅，不仅全面考查了法国的飞机、机场、作战方法和航空队的编制情况，而且还研究了法国关于空军轰炸的理论。

一战时期，米切尔和他的 VE-7“蓝鸟”式双翼战斗机合影

1918年5月，米切尔如愿以偿，升任第1集团军上校军衔的空军指挥官，其麾下拥有650架各型飞机。在圣米耶尔战役中，米切尔再次显露出他卓越的空战指挥才能。他先后以向英国、法国和意大利等国借用的方式，组织了1481架飞机，有效地配合和支援了美国地面部队的作战；整个战役中，美军以损失7000人的代价，取得俘虏德军1.6万，且毙伤无数的战果。正是这次大规模、集中使用飞机，使得米切尔声名鹊起，并因此晋升为准将。

10月15日，已晋升为集团军群航空勤务队司令的米切尔，再次崭露头角，精心组织了默兹阿戈纳进攻战役。在这次战役中，他亲自率领一支大型轰炸机部队深入对方纵深后，展开空中攻击，共投下79吨炸弹。当然，在组织作战中也暴露出不少问题，但米切尔所指挥的空中轰炸令对方防不胜防，给各国政府和军方留下了极其深刻的印象。

1919年3月，40岁的米切尔被任命为美国陆军航空部队副司令。此时，由于多年的征战经历，以及飞机和装备武器的更新发展，使得他的学术思想产生重大升华：积极主张航空兵部队从陆、海军中独立出来，建立一支统一、独立的空军；对陆、海军当时的政策进行了激烈的批评。米切尔还接连放出狠话："未来战争由轰炸机决定胜负！"

对此，许多陆、海军将领嗤之以鼻。

见到大多数人并不赞成他的观点，米切尔更加暴跳如雷，声调也提高八度，"战列舰再大，如果没有飞机的保护，也只是敌机攻击的活动靶子。"

米切尔和美国海、陆军将领双方顶上了牛，谁也不服谁。

为了验证大中型战舰的抵御能力，美国海军决定先由本军种进行一次轰炸军舰试验。1920年11月，海军正式对外宣布：用飞机炸沉战舰纯属无稽之谈！海军的依据是不久前，他们刚完成的一项轰炸机轰炸战舰的试验，而飞机投下的炸弹只对战舰造成"轻微的损伤"。

米切尔自然不信这个结果，他多次向国会强烈申请：批准他组织一次轰炸机攻击军舰的模拟试验；而国会中也有不少议员很想知道，究竟轰炸机与战列舰谁更高一筹？于是，批准用缴获来的德国战列舰“东弗里斯兰”号及两艘驱逐舰作为靶舰，来具体验证轰炸机的空中轰炸是否能对战列舰和驱逐舰产生毁灭性的打击。

1921 年时一幅描绘当时轰炸机攻击战列舰试验的宣传画

酷爱冒险与创新似乎是美国人的专利，这点在米切尔身上表现得尤为强烈。1921 年 7 月 21 日，美国西海岸的切萨皮克湾再度上演了惊心动魄的一幕。

“东弗里斯兰”号战列舰及两艘驱逐舰静静地锚泊在湾内，而在较远处则抛锚着“宾夕法尼亚”号战列舰，该舰上军政要员满座，新闻记者云集，每位都想亲眼看看飞机和军舰较劲的场面，也想及早把试验结果向全世界公布。

太阳徐徐升起，天色渐渐放明。此时，由远及近传来阵阵轰鸣声，“宾夕法尼亚”号战列舰上有人喊道：“快看！远处有多架飞机压过来了。”

果然，8 架“马丁 -NBS-1”双翼轰炸机越过头顶，飞向不远处的“东弗里斯兰”号战列舰及两艘驱逐舰；米切尔也毫不含糊，亲自驾驶一架 DH4 战斗机，在空中指挥这次行动。“马丁 -NBS-1”双翼轰炸机每架上均挂载有8颗123千克重的炸弹。

突然间，只见4架轰炸机从760米的云中穿出，俯冲直插向目标，急速投下炸弹。刹那间，海湾的水面上窜起道道水柱，爆炸声此起彼伏，“东弗里斯兰”号战列舰及两艘驱逐舰接连分别挨了多颗炸弹。尤其是“东弗里斯兰”号战列舰由于体积大、目标显，挨得炸弹要比两艘驱逐舰多，舰体受损的程度也要严重得多：海水哗哗地涌进舰体，整艘战舰开始倾斜。

一张模糊的历史照片记录的遭到攻击后开始倾斜的“东弗里斯兰”号战列舰

没过多久，又有4架“马丁–NBS–1”双翼轰炸机飞临而至，发起了新一轮的轰炸。这回，本已遍体鳞伤的“东弗里斯兰”号再也招架不住，迅速下沉并很快从海面上消失。这艘曾参加过日德兰海战，满载排水量达2.3万多吨的战舰在轰炸机的轮番轰击下，显得那么不堪一击！一小时后，两艘驱逐舰也遭到和“东弗里斯兰”号战列舰同样的下场。

这场特殊情况下进行的试验所得出的结果，虽然不一定准确，但是阐明了一个道理：飞机是可以炸沉大舰的，尽管美国陆军军官和海军军官彼此认识并不相同。

两年后，已是老资格的陆军航空勤务队副司令——米切尔准将决定进行一场更大规模的试验，以进一步宣扬飞机的作用，贬低常规战舰的地位。这次，他申请到了“弗吉尼亚”号和“新泽西”号两艘战列舰；轰炸试验的结果与上次试验结果大致相似，两艘战列舰全部葬身海底。

此时的米切尔准将，只能用一个词来形容：得意忘形！他走到哪，都拼命鼓吹：航空兵应从陆军中分出来建立统一的独立空军以及轰炸机的巨大威力和常规海军舰艇的无能。

他有一句口头禅经常挂在嘴边：“常规海军兵力要由飞机保护才行，唯有空军才能最终解决问题！”

他的思想变得越来越偏执，甚至达到了极端。1925 年米切尔出版了《空

1918 年处于一战末期的“新泽西”号战列舰。该舰通体使用了伪装迷彩

中国防论》一书，可以说该书既是他“空军制胜论”思想最典型的体现，也是他荒谬理论的集中展示。在该书中，米切尔极其武断地表示，“未来，海上战局将由飞机全盘控制！”

在这一年，美国海军霉运不断。海军所属的“谢南多亚”号飞艇在一次暴风雨的拖航之中与海面碰撞，艇身严重损坏，并有几名艇员死亡；海军部认为该艇已经没有任何修复价值，于是抽空了“谢南多亚”号里的氢气，艇囊和吊舱将随后拆毁。得知这一消息，米切尔再度发难，公开指责陆军部、海军部的失职和无能，且时常口出不逊：“你们这帮犯罪分子，你们所做的一切，都是对国家防务的叛变行为！”

米切尔过分夸大空军的地位和作用，使当时很多人难以理解和接受；再加上如此上纲上线，自然招得一些军队掌权者的不满。1925 年 12 月，他被送上陆军军事法庭，被判不服从上级罪成立，停止军职 5 年，降为永久上校军衔。第二年 2 月 1 日，米切尔提前退出陆军，退居弗吉尼亚州的米德尔堡。在那里，他继续发表言辞激烈的演讲和撰写观点犀利的文章为自己辩护。1936 年 2 月 19 日，满怀怨恨与遗憾的米切尔与世长辞，享年 57 岁。

在米切尔去世 10 年后即 1946 年，美国国会正式承认其“作为美国军

损坏的飞艇“谢南多亚”号的残骸

1925 年米切尔被送上陆军军事法庭时的场面

事航空领域的杰出先驱者所做的贡献和远见卓识”，并批准向米切尔追授特殊勋章；第二年，美国空军也诞生了。1948 年 3 月 27 日，米切尔的儿子小威廉·米切尔从美国空军第一任参谋长卡尔·斯帕茨将军手里接过这枚迟来的奖章。

1.5“暗中较劲”的航母博弈

1921 年 11 月 12 日，在太平洋彼岸的美国召开了一次规模不太大但却轰动全球的会议。当时，美国、英国、日本、法国、意大利、比利时、荷兰、葡萄牙以及中国的代表齐聚美国首都华盛顿；会议讨论的主要议题是“缩减海军军备和缓和远东局势”。

开会当天，美国国务卿休斯貌似公允地提出，“中日两国关系必须正

谈论“缩减海军军备和缓和远东局势”问题的华盛顿会议会场照片

常化”。接着，他的话锋一转，“要做到这一点，中国首先要在宪法里删除日本是中国永远的敌人”。很显然，休斯国务卿的说法带有明显偏袒日本的倾向。

听到这番言论，中方代表当即表示反对，并义正词严地说：“除非日本就历次侵略中国，对中国人民造成的巨大伤害做出正式道歉！”紧接着，他更加情绪激奋，“仅此还不够，还需要赔偿10亿美元，并立即归还台湾及其附属岛屿、琉球群岛等；否则中国无法将日本视为一个正常的国家！”

尽管当时中国积弱积贫，但派出的代表却大义凛然。

结果，傲慢的日本代表给无理地拒绝了。

中日双方讨论不欢而散！

其实，美国人明知会有这样的结果，当然他们并不看重这次会议能达成什么结果；而其真正目的是破坏英日同盟，限制英国人在亚太的发展，为自己争霸亚洲扫清各种障碍。

当时的英国，虽然仍冠以“日不落帝国”的名号，拥有所谓“世界排名第一”的海军舰艇，但它深受一战战争消耗的影响，经济遭受惨重损失，再也无力继续维持其特有的“两强战略”，即其海军实力要达到世界排名第二和第三的海军强国实力的总和。出于维持“世界第一海军强国”宝座的需要，面对实力日增的美、日等新兴海军强国，英国知道自己已完全“无力进行打压”，只能借助全球性的海军军备谈判、协商，来达到限制其他国家战舰继续发展，从而维持自己全球第一海军的目的。

同床异梦的列强聚在一起，自然免不了钩心斗角、

一战日德兰海战中被击沉的英“玛丽女王”号战列巡洋舰。英国在一战中所遭受的重大损失使其从世界海军第一的位置上逐渐退让下来

明争暗斗。“缩减海军军备和缓和远东局势”会议博弈、较量的结果是，海军各强国有必要来一番削减和限制，尤其是大型战舰更要大幅削减。

1922 年 2 月，当时世界海军最强 5 国：美国、英国、日本、法国和意大利海军首脑，齐聚华盛顿，再度展开了一番唇枪舌剑的讨价还价，虽然吵得不可开交，但最终总算达成一项各方暂时都能接受的《华盛顿条约》（正式名字为《美、英、法、意、日五国关于限制海军军备条约》）。

这项条约的重点是拿各国海军的主力舰（即排水量万吨以上的战舰）“开刀”，对于各国主力舰的吨位和艘数均作出具体、严格的规定：美、英、日、法、意五国的主力舰总吨位之比分别为：5 ∶ 5 ∶ 3 ∶ 1.75 ∶ 1.75；美国、英国可保留 15 艘主力舰，日本可保留 9 艘主力舰，法国、意大利只允许保留 5 艘主力舰；上述哪个国家的主力舰，如果超过这个限额都必须予以裁减。

《华盛顿条约》的出台，在一定程度上对当时世界各大海军强国的主力舰建造，起到了巨大的“刹车”作用。但是，它也留下不少后遗症和难题：那些即将完工或建造一半的主力舰，难道就只能“胎死腹中”或眼睁睁地被拆毁吗？

于是，很多人不约而同地想到了“航空母舰”这种新型战舰。

“能否尝试把战列舰改为航空母舰？”

“不过，它的作战威力和作用究竟如何？”很多人对这种新舰种浑然不知。

实际上，就连当时美国、日本、英国等国的海军将领，对于航空母舰这种新型战舰也存在着纠结、困惑的心理，因为在当时，航空母舰还只是一种不为人们所熟知的战舰，甚至未被当时各强国海军领导所认识、所看好；他们依然觉得，海战取胜的关键还是装备有“厚甲巨炮”的战列舰，所以对于其他国家发展航空母舰，基本上采取睁一只眼、闭一只眼的不置可否态度。

正是当时各国海军基于这样的认识，《华盛顿条约》的出笼，对于航空母舰仅进行了相当宽松的限制规定：这种专门搭载和起降作战飞机而建造的军舰，其标准排水量可在1—2.7万吨，舰上装备的火炮口径不得超过203毫米，数量不得超过10门。该条约还对上述5个海军强国所拥有的航空母舰的总吨位进行了限制：美国、英国各为13.5万吨，日本8.1万吨，法国、意大利各为6.6万吨。当然，对于每艘航母的单舰排水量也进行了限制，不允许超过2.7万吨。这份条约还保留一条：允许各国充分利用因履行裁军义务而过剩的巨舰舰体，允许各国在其航母的总吨位限额内，改装两艘3.3万吨的航母；这样又给美、英、日等国有了可乘之机。

原本的"无意插柳"，却使得航空母舰得以意外的加速发展；而从1922年到1936年的15年间，各国战列舰的发展由于受"海军假日"的限制，都不同程度地受到影响。

美国人是"因祸得福"的第一受益者。早在1922年《华盛顿条约》制定执行前，美国已陆续开工建造了6艘"南达科他"级战列舰。这级战列舰的满载排水量相当可观，达到4.3万吨；舰上装备有12门406毫米主炮，打击威力非常之强！毋庸置疑，这些战舰一旦装备美国海军两洋舰队，

知识卡

海军假日

海军假日是指在1922年至1936年《华盛顿条约》签订后的时期。

由于该条约的规定限制了各海军强国的军备竞赛，致使大量战列舰和航空母舰建造计划被取消。由于《华盛顿条约》的极不完善，所以不甘受限制的各大海军强国都千方百计地钻条约的空子。既然舰船的总吨位和主炮口径受到了限制，那么各国就把注意力转向如何提升海军舰船的技术含量和武器装备的威力，从而达到加强军舰战斗力的目的。

在平静的掩饰下，海军的作战理念开始发生剧变。海天一体作战和海军航空兵以及远程作战的理念开始出现，航空母舰和海军航空兵开始受到重视和发展。

1920 年美国计划的“南达科他”级超级战列舰的木质想象模型。该级舰成了《华盛顿条约》的牺牲品

必将成为今后海战的核心主力。

其实，对于即将问世的这级战舰，最感恐惧的是日本海军。因为日本人明白：未来的太平洋战场，美日必有一战！然而，此前日本还没有一级大型战列舰，装备有如此众多数量、如此巨型口径的火炮。

应该说，华盛顿会议给了日本人一个“天赐良机”。时任日本首相的高桥是清给日本参会代表下令：

“要与美国人胡搅蛮缠，不断地讨价还价。”

“一定要逼迫美国放弃正在建造的 6 艘‘南达科他’级战列舰！”高桥是清震怒了。

“美国人的底线是，至少日本必须放弃两艘在建的‘天城’级战列舰。”日本代表汇报了讨价还价的最后底线。

权衡利弊得失后，日本人觉得用自己两艘“天城”级战列舰，来换取美国 6 艘“南达科他”级战列舰下马停建，是划算的，也是值得的。于是，答应在条约上签字。

美国人也同意签字的原因很简单：一是不想与日本人继续胡搅蛮缠下去；二是觉得此举可以迫使日本放弃“天城”级战列舰的建造。

知识卡

战列舰

战列舰是一种以大口径火炮的攻击力与厚重装甲的防护力为主的高吨位海军作战舰艇。是能执行远洋作战任务的大型水面军舰。在第二次世界大战开始前的若干世纪里，战列舰曾经雄霸海洋世界。

战列舰

对于美国人来说，“天城”级战列舰实在是一个可怕的梦魇。比起美国的“南达科他”级战列舰，日本“天城”级战列舰无论吨位还是个头，都要比前者大许多，它的满载排水量高达4.7万吨。更令美国人心悸的是，舰上装设有5座双联装410毫米主炮（即相当于10门410毫米主炮），20门140毫米舷侧炮，4门80毫米高射炮及8座610毫米鱼雷发射管；其中，最大口径火炮竟比美国“南达科他”级战列舰火炮口径还要大，而且还有众多其他各种口径的火炮。

“南达科他”级战列舰虽然停建了，但很快又绝处逢生，再次获得转机。美国海军挑选了该级战列舰中的两艘，即完工近30%的“萨拉托加”号和“列克星敦”号战列舰，将其改装为两艘排水量为3.3万吨的航空母舰。

说是改装，但要把如此大吨位的战列舰彻底改为航母，其实与重新设计和建造一艘大型新舰差不多，一点都不省功夫。特别是纽约和昆西这两家造船厂过去都是建造战列舰的，对于建造航空母舰原本就是“门外汉”，因此，很多武器、装备和技术都是新设计的，或者边设计、边改进的。

功夫不负有心人！经过几年的折腾，美国海军终于在1927年11月16日拿到了名为“萨拉托加”号的航母；4个星期之后，即12月14日，另一艘名为“列克星敦”号的航母也加入了美国海军现役。

这两艘“列克星敦”级航空母舰的相继亮相，令世界各国海军乃至各国军方都为之一振。在此后18年的时间内，这两艘硕大无朋的航空母舰，始终保持着多项航母纪录的桂冠：满载排水量高居世界第一，达到4.79万吨，比之最初的“南达科他”级战列舰还要多出近5000吨；舰长274.4米，最宽处达33.8米；舰上装设的主锅炉达16台之多，最大航速可达33.5节，就连当今美国现役的“尼米兹”级核动力航母也无法与之相较；它以15节经济航速航行时，最大续航力接近1万海里；舰上可搭载飞机90—120架。此外，舰上还装设有4座双联装203毫米火炮和12门127毫米单管炮。早在约90年前，该级航母就几乎具有现代航母的所有特征：全封闭式舰艏、全通式飞行甲板及位于舰右舷由舰桥、塔式桅杆和扁平烟囱等所组成的岛式上层建筑。

实际上，在这段时间里，日本人也一直没有闲着，始终采用“暗度陈仓”的策略，摽着劲进行着“天城”级战列舰的改装工程。其中“赤城”号的

美国“列克星敦”级航母“列克星敦”号摄于二战初期的照片。该级舰由战列舰改装而来，因此生存能力比普通航母要高很多

改装工程，竟然还赶在两艘美国“列克星敦”级航空母舰之前，于1927年3月25日竣工入役。

即便按照日本当时对外公布的“赤城”号航母标准排水量2.69万吨来看，它也算抢了一个头彩：保持了约8个月世界上现役最大吨位航母的称号；而它的实际满载排水量早已超过了3万吨。

尽管如此，“赤城”号航母的设计却是相当糟糕的；与当时一流航母性能相比，实在差距太远：全舰安装3段飞行甲板呈阶梯状分为3层，上层是起降两用甲板，全长190米，宽30.5米，中、下层与双层机库相接可供飞机直接从机库起飞，中层甲板供小型飞机起飞，长约15米，下层甲板供大型飞机起飞，长56.7米，宽23米。不过，最令舰长和飞行指挥官感到别扭的是，舰桥不得已只能设在上层甲板的下方，这对航行和作战指挥都影响不小。后来的实践也证实这样的甲板设计确实有许多不足。

日本完成现代化改装后的大型航母“赤城”号。照片摄于1941年

面对这样的设计，“赤城”号航母上的官兵时常揶揄：

“这艘航母的设计师肯定是脑袋进水了！”

“我们航母的起飞方式在世界上

肯定是独一无二的，指挥员完全看不到飞机起飞。”

后来，日本海军决策当局也认识到，“赤城”号航母存在着非常严重的设计问题，有必要予以纠正。从1935年开始，“赤城”号航母被送进船坞，开始进行全面的改装；1938年，一艘全新模样的“赤城”号航母重新加入日本海军序列。

新“赤城”号取消了中、下层甲板，将上层甲板变为全通式飞行甲板，并将舰桥上移至主甲板的右舷，成为一个标准的“岛式舰桥”。舰上可搭载60架舰载机，同时还装有为数众多、口径不一的各型火炮，包括2座双联装200毫米舰炮，6门单管200毫米炮，6座双联装120毫米炮等。

在当时，英国虽依然保持着战列舰“世界第一”的实力，但在航空母舰领域，它已大大落后于美国，某些方面甚至不如日本。不管怎么说，在航空母舰的这轮较量中，英国人不想输得太惨，至少也得推出两艘航空母舰，使之在与美、日航母的明争暗斗中，保住自己的颜面。

不过，此时的英国实在拿不出像样的大型战舰来，准备用于改装的两艘“勇敢”级巡洋舰的“自身条件”实在太差，它的标准排水量仅为2.25万吨；舰长也不足240米，舰宽不到25米。英国人尽管使尽浑身解数，

知识卡

舰载机

以航空母舰或其他军舰为基地的海军飞机。用于攻击空中、水面、水下和地面目标，并遂行预警、侦察、巡逻、护航、布雷、扫雷和垂直登陆等任务。是在海洋战场上夺取和保持制空权、制海权的重要力量。第一次世界大战中，舰载机主要用于海上侦察、巡逻和反潜。第二次世界大战中，舰载机的战术、技术、性能有了很大提高，改变了传统的海战样式。战后，舰载机实现了动力喷气化、主要武器导弹化和机上系统电子化，并发展了舰载的预警机、电子对抗飞机、垂直/短距起落歼击机和直升机等。

舰载机

运用自己超一流的设计与改装技术，竭力把它变成了最时髦，且拥有直通式飞行甲板，并设置有右舷岛式上层建筑的“勇敢”级航空母舰，但由于能够搭载的舰载机只有48架，配备的火炮数量既少，口径也不大：16门120毫米单管炮，2门76毫米炮，4门40.5毫米炮等。因此，改装后的“勇敢”级航母无论是攻击力，还是防空和反潜火力，实在无法与美国“列克星敦”级和日本“赤城”级航母相提并论。

而更要命的是，这两艘航母的结局都很悲惨：“勇敢”号航母在一次执行反潜作战中，竟死于德国潜艇之手；“光荣”号航母也在1940年6月与德国两艘战列舰的遭遇战中，毁于对方舰炮之下，而成为后人的谈资。

英国“勇敢”号航空母舰，摄于1935年。该级舰的甲板长度未能覆盖全部舰身，设计仍较为原始

1.6“海上霸主”易位

自战列舰诞生以来，它便以大口径火炮的攻击力与厚重装甲的防护力著称于世，驰骋海疆；到二战前夕达到了极盛，占据了很长一段时间的“海上霸主”地位。自然，也有不少国家海军盲目追捧，将其视为“海上霸主”，极度迷信它能在远海作战中战无不胜。

二战前的日本，对于战列舰的“强大威力”更是顶礼膜拜，到了无以复加的程度。1941 年 12 月 16 日，日本海军就在使用大批航母编队舰载机成功袭击珍珠港 10 天后，便将一艘满载排水量高达 7.3 万吨的“海上巨兽”——“大和”号战列舰，编入了日本海军联合舰队。对此，已极度狂热的日本海军乃至全国上下，又为拥有全世界最巨硕的“大和”级战列舰而欣喜若狂！

那么，资源贫乏，且科技实力与英美存在相当差距的岛国日本，缘何要不惜代价来建造这级空前强大的战列舰呢？当然，日本人有着自己的如意算盘：早在 1914 年 8 月 15 日巴拿马运河开通时，就曾规定，不允许通过排水量 7.6 万吨以上的巨型战舰，这样美国不少在东海岸建造的大型战舰，就必须绕道 5400 海里，而不可能直接通过巴拿马运河进入太平洋；这样日本 7.3 万多吨的超巨型战舰，凭借舰上的超巨型火炮就有望在太平洋地区为所欲为、称王称霸。

当然，并非所有日本海军的有识之士都赞同发展这种超巨型战舰。1937 年，当两艘“大和”级战列舰（“大和”号和“武藏”号）设计方案刚出台，先在日本海军高层内部征求意见时，时任日本海军航空本部长的山本五十六就曾直陈利弊：

“未来海战，航空力量将起决定作用。”

建成后在进行试航中的日本超级战列舰“大和”号。该级舰是史上最大的战列舰，堪称终极之作

然而，担任日本海军舰政本部长的中村良三大将调门更高：“一战以来的历次海战经验证明，航空母舰及其舰载机只是联合舰队中的辅助性武器，最终的决战还要靠战列舰的巨炮。”

“你所说的观念过于陈旧。战舰无论造得多大，也无法抵抗日益先进的成群飞机的攻击！”山本五十六毫不妥协。

“时至今日，还没有一艘战列舰被飞机击沉过。”

中村良三大将说的也是事实，因为二战前夕的航空母舰及其舰载机作战性能并不优异，也不突出，因此对战列舰的威胁也不够大。

“如果用建造‘大和’级战列舰的巨额经费，来建造和发展航空母舰及其舰载机，就能使日本海军真正强大起来。”山本五十六说得极其斩钉截铁。

如果当时日本海军能按照山本五十六的思路进行发展的话，那么太平洋海战美军要想取胜，难度就要大得多，至少时间会拖得很长。

但历史就是历史，历史是不能假设的！

由于当时中村良三大将是日本海军中的决策人物，而且海军高层中信奉“大舰巨炮”的将领仍占主流，因而山本五十六等人的反对意见，很快就被否决了。

1937年11月和1938年3月，“大和”级两艘战列舰“大和”号和“武藏”号相继秘密开工建造。

此前，船厂四周的民房被拆除，列为禁区。

“这里究竟准备干什么？”

“不知道！但你看，这一带居民所有的渔网都被收缴一空，渔民都被赶到别处打鱼去了。”一位稍微知情的人士压低声音说。

“四周都搭起了工棚，用来遮挡往厂内眺望的视线；只是不知道新盖起的那一幢仓库大楼是干吗用的？”

原来，在一片废墟的厂区内，只有一幢孤零零新建的高楼。很久以后人们才弄明白，原来当时的苏联驻日大使馆距船厂不远，且楼层比较高，苏联人站在楼顶层便能够眺望到厂内的一举一动，这令日本人相当头疼。为了全面遮挡住苏联使馆工作人员的视线，才“出

正在研究战术的日本海军大将山本五十六。他同时也是日方航母制胜论的提倡者

现”了上述的仓库大楼。

除此之外，日本人还采取了其他极其严格的保密措施：所有参加施工的设计人员和工人都必须向天皇效忠，对每个参与人员的政治倾向、宗教信仰、家庭成员背景等都逐项进行审查。对于舰上一些关键系统和武器的性能数据填写，全都进行修改或隐瞒，比如舰上的超巨型460毫米口径火炮，在文件上标出的只有400毫米。所有进出工地的人员，也都要执行严格的验证审查。

当然，这两艘号称人类史上最大的“大和”级战列舰，的确有其惊人之处：首先，舰上的火炮威力和数量相当惊人：共装备有3座三联装460毫米巨炮，前面两座后面一座；每座炮塔重达2200吨，每发炮弹重1500千克，最大射程达41千米，每根炮管每分钟可发射2发，并配用4种炮弹。同时，舰上还配备了4座三联装155毫米舰炮作为副炮；6座双联装127毫米高炮；8座三联装24门25毫米高炮等。“大和”级战列舰在设计之初，还曾经设想将主炮口径增加到510毫米；希望借助远超美国“依阿华”级战列舰406毫米火炮口径达100毫米以上所具有的超强大火力，以获得与美海上决斗中能一举打垮对方。

其次，这两艘舰的防护力也极强，不仅防护装甲性能独一无二，而且防护装甲厚度也创世界之最。它的舷部居然有5层装甲防护，最大装甲厚达410毫米，且具有20度倾角的良好防弹外形；该级舰的底部，也采用3层钢板防护，而这些钢板均为表面渗碳且加锰加铜的装甲钢。全舰防护装甲重量高达2.1万吨，比舰体本身重量还要重。

再次，“大和”级战列舰抗沉性极强。它采用三重船底、并设计了1147个水密舱，大大增加了抗沉性；舰上共装有12台锅炉，4个由蒸汽轮机驱动的推进器，每个直径达6米。舰体若被一枚鱼雷命中，不会影响其正常航行操作；同一侧舰舷即使被两枚鱼雷命中，进水所造成的倾斜也不会超过 5 度。

“大和”号战列舰的前主炮特写。该舰装备了举世无双的 460 毫米巨炮

此外，舰上还配有 6 架水上飞机，装设有两部弹射器。起飞时，使用弹射器将飞机弹射升空；降落时，飞机降落在舰体旁的海面上，通过舰上起重机将其吊回舰上。这些水上飞机主要用于侦察和修正炮击弹着点。

尽管“大和”级战列舰有着如此强大的威力，但却生不逢时：整个太平洋战争期间，几乎没有看到这两艘大型战舰驰骋太平洋的身影，反而是只要一出动，就会受到美航空母舰侦察机的监视跟踪，以及编队轰炸机和鱼雷攻击机的威胁与打击，时刻处于被动与挨打的境地。再加上它们的造价过于昂贵，所以日本海军对于“大和”级战列舰的使用格外小心谨慎，不到关键时刻不轻易出手！因为一旦该级舰被对方击沉或损伤，不仅损失太大，而且影响极坏，甚至对战争结局都将产生严重负面影响。

“深藏闺中”的“大和”级战列舰终于到了派上用场的时候，也到了其最触霉头的时刻。1944 年 10 月，美军虎视眈眈，准备在菲律宾实施大规模登陆，此时的日本海上力量已呈现整体崩溃的趋势，早已没有多少像样的大舰，“大和”级战列舰已成为其最后、最重要的“王牌法宝”。10 月 22 日这一天，“大和”号战列舰作为由

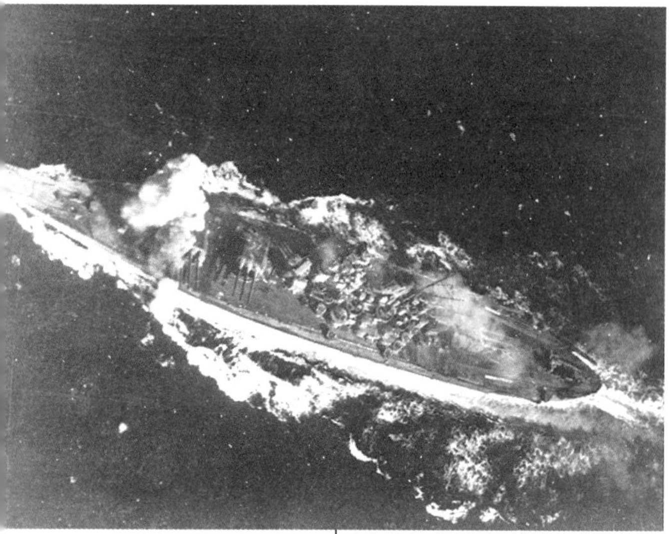

莱特湾海战中遭到攻击的“大和”号战列舰

栗田建男中将率领的第二舰队旗舰，在“武藏”号等5艘战列舰，12艘巡洋舰，14艘驱逐舰等众多战舰簇拥下，从婆罗洲的婆罗乃湾锚地出发，悄然驶向莱特湾，准备于25日使用舰上所有巨炮出其不意地轰击美军登陆部队。

不幸的是，这些“庞然巨兽”刚一出海，就被美国侦察机发现跟踪，并迅速通报给美军统帅部。

24日上午10时左右，“大和”号和“武藏”号两艘战列舰的厄运到了！只见天际上空闪现出一片黑压压的机群，很快它们就压低高度、提高速度，投射出鱼雷和重磅炸弹，刹那间两艘战列舰便炸声四起、黑烟滚滚……

“所有炮火都给我朝空中射击！”栗田健男中将歇斯底里地喊道。

“美军的飞机实在太多了！一批接一批。”

“八嘎！再多飞机也得给我狠狠地打！”

“报告司令官，各舰上的炮管都已打红、打弯了，我们再也无法抗击了。”

此前，栗田等众多指挥官虽一再向上级请示派飞机予以支援，但因日岸基机场距此处都太远，而几艘参战的航母，或空有其表，没有搭载多少舰载机；或舰载机飞行员奇缺，难以在空中完成有效打击。

美军的空中打击行动整整持续了4个多小时，威力始终不减。到下午2点，美军先后实施了6批舰载机的空中轰炸和攻击，“武藏”号接连挨了20枚鱼雷、37颗炸弹，整艘舰被炸得满目疮痍、百孔千疮；5个小时之后，它再也坚持不住，终因船体大量进水，葬身海底。

此时，前甲板挨了一颗炸弹，左舷锚链库也中弹导致舰体破损的“大和”号战列舰实在无心恋战，迅速调转船头，开足马力，逃之夭夭溜回日本本土。

愤怒的美国人，再也不会让日本人消停！1945年3月，第二次世界大战太平洋战场中规模最大的两栖登陆战役拉开序幕。在对九州、四国和台湾展开大范围空袭的同时，美军各突击梯队进行海上航渡，准备实施大规模进攻。日本则采取疯狂的反扑，除了出动大批自杀飞机攻击美国舰队外，还决定动用“大和”号等战舰支援冲绳日军作战，封杀美军舰艇。

4月5日，日海军军令部正式下达了“大和”号自杀性出击作战的“天一号作战”命令。第二天，以“大和”号战列舰为旗舰，外加1艘巡洋舰及8艘驱逐舰组成的第二舰队，趁着夜色从濑户内海西部的德山锚地起航。

有了击沉“武藏”号战列舰经验的美国航空母舰编队，早已严阵以待，做好了全歼这个凶残“巨兽”的一切准备。4月7日凌晨，美军舰载机分三批，共1000多架次，轮换对“大和”号战列舰实施凌空轰炸和鱼雷攻击；时间不长，“大和”号就身中鱼雷12枚、7颗大炸弹，其中4枚炸弹落到了舰上3号主炮塔附近，2枚225千克炸弹穿透了后部主甲板爆炸，将舰后部155毫米副炮

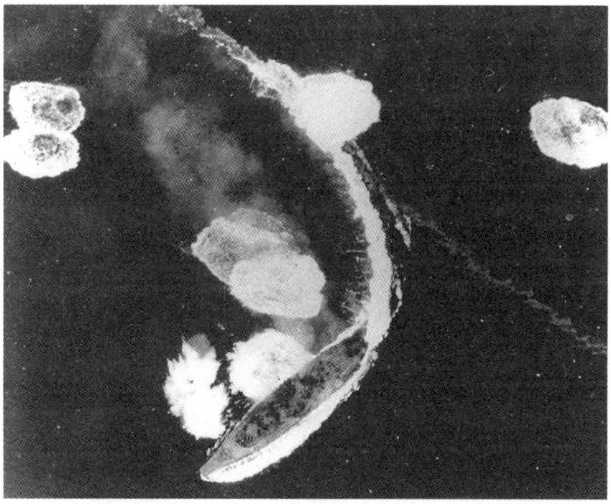

1945年4月，在美舰载机轰炸中进行规避的“大和”号战列舰，此时它已是强弩之末

和预备射击指挥所炸毁。不久，全舰弹坑累累，遍体鳞伤，其右舷下方大量进水，舰体整个倾斜80度；接着弹药库爆炸，随之全舰倒扣沉入海底。

日本两艘全球最大，号称威力最强的“大和”级战列舰，在与美国航空母舰及其舰载机的全面对决中，彻底败下阵来。

第二次世界大战的海战场，对于航空母舰的意义极其重大。它以无与伦比的战绩和无可比肩的威力向世人宣告：战列舰已成为明日黄花，必然要退出历史舞台，而新的“海上霸主”桂冠应当之无愧地落在自己的头上！

1.7 短命鬼，“信浓”

“小姐身子丫鬟命”，用来比喻二战末期日本海军的“信浓”号航母，恐怕是再贴切不过了！这艘航母是二战期间日本建造的最大的攻击型航母，也是二战中世界各国建造的航母中吨位最大的航母。但在其极为短暂的一生中，它可以说丝毫没有风光过，反而却在服役不到一个月内就被击沉；它的坎坷命运甚至不如厄运接连缠身的战列舰，实在令人唏嘘！

1942年的太平洋海战场，最初日本在航空母舰方面占据着相当的优势。然而，时过境迁，仅隔两年，即1944年末，日本海军的“赤城”号、“加贺”号、“苍龙”号、“飞龙”号4艘航母在中途岛海战中接连被击沉；“翔鹤”号和“飞鹰”号也在马里亚纳海战中先后葬身鱼腹；“隼鹰”号航母同样在马里亚纳海战中遭受重创并完全

巨型航母“信浓”号在东京湾海试时的模糊照片，这也是该舰现存唯一一张照片

失去战斗力；“瑞鹤”号和“瑞凤”号航母则在莱特湾海战中相继沉入海底。就连早期充当训练舰的“龙骧”号也被迫披挂上阵，但上阵仅几个回合便难以招架，毁殁于瓜岛海域。

应当说，在新一轮的日军航母与美军航母的对决较量中，双方实力来了个大翻盘。日本海军再也拿不出什么像样的航母来使用；而此前偏偏两艘“大和”级战列舰又出师不利，表现过于拙劣，使得日本海军决策当局对超巨型战列舰的巨大作用日渐心灰意冷，不敢再对其寄予厚望；尤其是在中途岛海战之后，日本海军越来越认识到，大型战列舰从此将风光不再，根本无法作为海战中坚，完全没有发展前途。

因此，对于原本属于“大和”级第三艘战列舰的“信浓”号究竟应该如何处理和改造，日本海军的决策当局出现了严重分歧。

舰政本部长岩村清一中将明确说出自己的想法：“改装后的‘信浓’号航母要与以往航母作用截然不同！”

“怎么个不同？”

“应将其改建为海上移动基地。”

对此，他作了进一步的阐释，“改装后的‘信浓’号航母与以往的航母应该完全不同，舰上的机库将不配置任何舰载攻击机与舰载轰炸机。它的主要功能就是游弋至前线，为后方航母起飞的飞机提供可靠的降落场，并快速补充燃料、弹药和鱼雷等。”

由美国航空兵拍摄的中弹起火的日军“瑞鹤”号航母，该舰随后不久即告沉没

“如果按你所说的

方式改建，那还叫航母吗？”有人反问。

“这种新型战舰由于装有厚实的装甲来保护飞行甲板，这样即使遭受敌人空袭后仍可以执行海上基地任务。它完全可以成为一艘‘不沉的航空母舰’，‘不沉的航空母舰！’”岩村清一中将对最后一词反复强调了两遍。

对于舰政本部提出的方案，日本海军军令部与航空本部人士则表示强烈的反对。他们认为，由于改装后的“信浓”号航母依然具备战列舰的构造与装甲甲板，即便其他常规航母会被对方击沉或无法确保升空作战的舰载机降落，而“信浓”号可靠的防御力仍足以确保这些飞机降落，可使舰队的航空战斗能力继续保持下去。

这场争论前后持续了两个多月，最终岩村清一中将的方案被否定，而军令本部与航空本部的方案获得多数人的支持。1943 年初，改装工程开始启动，原定的改进工期完成时间定于 1945 年 3 月底。在横须贺造船厂新造的 6 号船坞内，“信浓”号战列舰开始了“大卸八块”的改装，铺设了飞行甲板。没用多长时间，“信浓”号初步具备了航空母舰的基本模样。

在当时，“信浓”号航母之大，着实有点吓人：它长 266 米、宽 38 米（一说 40 米），吃水 10.31 米；标准排水量 6.2 万吨，满载排水量高达 7.2 万吨；舰上装有 4 台蒸汽轮机，最大航速为 27 节，航速 18 节时的最大续航力接近 1 万海里。舰桥设置于右舷中央，为岛型舰桥；在此之前的日本海军航母无论吨位大小，皆采用舰桥与烟囱分离、后者弯曲朝海面排气的构造。

由于此前日本航母的抗沉性实在太差，因此日本舰政本部对“信浓”号在设计和建造上都挖空了心思，尤其重视防护装甲的安装。

一开始，飞行甲板的厚度定为 75 毫米。不久，来了一位舰政本部高官视察，又做了一个决定：“再在上面覆盖 200 毫米厚的钢筋水泥层！”

“怎么加这么厚呢？”

“飞行甲板必须能承受住敌机以俯冲轰炸方式投下 800 千克炸弹的爆

炸威力。”这位官员回答得很痛快。

不过，后来因甲板重量增加，使得航母的重心有些不稳，所以又将防御标准变更为飞行甲板可承受500千克炸弹的轰炸冲击；该舰还在一些要害部位，加装了防护装甲。

此外，“信浓”号航母有较好的海上生存和保障能力，装载有大量的生活物资和武器弹药，包括能为其他战舰提供油料、淡水、各种食品以及炮弹、鱼雷等。

别看“信浓”号舰体庞硕、外貌吓人，实际上它“先天不足，后天失养”，既缺失了战列舰的强大打击威力，又不具备航空母舰突出的空战和攻击能力，作战能力显得有点不伦不类。当然，此时的日本有关当局已顾不了那许多；它急于挽回败局，力图抓住这一根救命稻草，只希望“信浓”号航母能及早改装完成。于是连续发出“加紧施工，尽早交付”的命令，致使许多系统没有完工，不少武器还没来得及装备，便急匆匆上阵。

对于“信浓”号航母上的主力舰载机，日本海军当局在分配比例和搭载数量上也是几经变化：最初预定搭18架“烈风”舰载战斗机、18架“流星”舰载攻击机、6架“彩云”高速侦察机，另5架备用，共计47架；而航空本部则倾向于搭载25架“烈风”舰载战斗机（备用1架）、25架“流星”舰载攻击机（备用1架）、7架“彩云”高速侦察机。1944年10月19日，航空本部最后推出一套全新的《航空母舰与舰载机关系报告资料》，将各种舰载机敲定为：24架“烈风”舰载战斗机（备用1架）、17架“流星”舰载攻击机（备用1架）和7架“彩云”高速侦察机。

尽管“信浓”号已“摇身”变为航母，但仍明显存在着火力至上的阴影。例如该舰上还配置有相当数量的多种口径火炮武器，包括8座双联装127毫米舰炮，35座三联装25毫米舰炮，40座单管20毫米高射炮，火力仍足够强大。

日军“烈风”式舰载战斗机的样机。该机在战时并未正式装备部队，仅生产了10架实验型飞机

不过，“信浓”号航母真有点生不逢时，在其七改八拼、多种武器混杂的战舰身上，集中有太多的不利因素；再加上该舰又遇上一位优柔寡断、经验不足的指挥官，多次发出错误的指令，使得美国“射水鱼”号潜艇才有机可乘。

1944年11月28日下午1点30分，“信浓”号航母在“滨风”、“矶风”和“雪风”3艘驱逐舰簇拥护卫下隐蔽出航。晚6点30分，编队进入外海。而此时，航母内部一些部门，机械室和燃料库还在进行紧张的改装施工。

大约晚7点，“矶风”号护卫舰发现一则潜艇的电波。

“报告舰长，探测到一艘潜艇。”

“查清楚，到底是哪个国家的潜艇，具体是什么型号？叫什么名字？”阿部俊雄大佐回答道。

“初步判定是美国潜艇,但具体型号与名字还有待进一步侦测和判断。”

于是，阿部俊雄舰长立即命令全体船员加强警戒。

晚上9点，“信浓”号上的雷达发现了位于右后方的船舶，命令右侧的“雪风”号驱逐舰前去侦察。这艘驱逐舰加速前往，不久发来一则似是而非的报告“虽然没有回应识别信号，但干舷很高，应该是渔船”。正是这个敷衍马虎的报告给“信浓”号航母招来了杀身之祸。

此时，“信浓”号航母刚驶出东京港以南 100 海里，立即被在附近游弋的美军“射水鱼”号潜艇上的雷达发现了。尽管日本航母编队晚间航行时，实行了灯火管制的隐蔽行动，但“射水鱼”号潜艇还是牢牢地盯住了它。

“信浓”号第一任也是最后一任舰长阿部俊雄大佐

美艇长恩莱特少校立功心切，他下令：“潜艇不许下潜！就在海面上等待。”当时潜艇攻击对方水面战舰时，均需浮至海面才能发射鱼雷。

令人不解的是，日军驱逐舰既没有发炮，也没有赶过来，而是向左转向，脱离接触。原来，“信浓”号的舰长阿部大佐接到了发现美国潜艇的报告，担心遇到水下“狼群”的集体攻击。他立即命令航母掉转方向，转到 210 度航线上，力图摆脱美国潜艇的跟踪与打击。

11 月 29 日凌晨 2 时 16 分，美军的“射水鱼”号潜艇依然紧紧跟着日本航母编队。此时，它离日本航母编队仍有 8 海里，还不能进行鱼雷攻击。为了取得最大的战果，“射水鱼”号向珍珠港基地发报，请求再派其他潜艇予以增援。此时，日本航母编队截获到了“射水鱼”号的电报，以为水下“狼群”准备发起进攻了，“信浓”号航母再度转向，恢复到原来航向上。这样，“信浓”号航母就变成直接向着美军的“射水鱼”号潜艇驶去。

机不可失，时不再来！“射水鱼”号潜艇紧急下潜潜

美军“射水鱼”号潜艇。最终，日本“发育不健全”的超级航母“信浓”号成为它可口的猎物

航，在到达潜望镜深度时，急速升起了潜望镜，不断观察海面，寻找战机。3 时 07 分，“射水鱼”号占领了有利阵位，向“信浓”号连续发射了 6 枚鱼雷，其中 4 枚命中“信浓”号舰体；瞬间舰体被撕开几米宽的裂口，海水大量涌入；两枚鱼雷钻进舰体内部爆炸，顿时舰内燃起熊熊烈火。

“信浓”号航母上的官兵大多是年轻的学生和工人，不仅没有实战经验，而且缺乏损管知识和经验，面对海水大量涌入，他们束手无策，眼睁睁地看着舰体急剧倾斜。舰长阿部大佐知道无力回天，只得下令弃舰。

凌晨 4 时 48 分，“信浓”号航母的舰体在水中直立了起来，舰艏直指蓝天。很快海水吞没了这头海中怪兽。“信浓”号航母最终落得个折戟沉沙、葬身鱼腹的悲惨下场！

第2章 “叱咤风云”逞神威

2.1 奇袭塔兰托，“光辉”号发威

任何一个新事物的成长，总要经历诸多磨难，航母也不例外。自诞生以来航母虽一路崛起，但直到二战初期才凭借着厚积薄发、迅速崛起的舰载机，并使用凌空袭击战术才给予水面舰艇以毁灭性的打击；而二战初期，英国航母编队袭击意大利塔兰托港之战，便是这种新战术的首次成功尝试。

20 世纪 30 年代塔兰托军港图。该港是当时意大利在地中海最重要的军事基地之一

1940 年，意大利对英国宣战，它在非洲北部利比亚一带的军事行动可以由意大利本土直接进行补给，十分快捷便利。相反，英国在北非的军事行动则面临严峻补给问题：必须从直布罗陀起航且在地中海航行时需要护航。由于开战之初英国在地中海的实力比较薄弱，意海军可以轻松切断英军补给线，这对英国北非远征军形成了巨大的威胁。

然而，当英国皇家海军战舰主力开进地中海之后，情况发生了重大变

化：尽管意大利海军舰船数量不少，但却在海战中屡战屡败。虽然在意大利三军中，海军实力最强，但却由于战术陈旧和高层指挥能力平庸，所以战败的阴影也始终笼罩着它。

后来，意大利人想出了一个笨招：采用“存在舰队”战术来威慑英国在地中海的舰队，即将大量舰艇屯扎在塔兰托军港，坚不出战。当然，他们的用意很明确：一来借此吸引英国地中海舰队的注意力；二来倘若英军派出运输舰队，他们便能迅速而及时地出击予以破坏。

意大利海军的固守避战，使得英国皇家海军地中海舰队司令官坎宁安寻求的海上舰队决战变得日益困难；但很快头脑灵活的坎宁安就找出了切断意大利海军与塔兰托之间护航航线的新策略。

1940 年 7 月 7 日，坎宁安率领一支编队照例进行常规游弋，忽然接到己方潜艇密报：意大利舰队出现在马耳他以东 172 海里的海域。坎宁安当即下令从马耳他派出侦察机尾随意大利舰队。中午时分，坎宁安又接到一份准确报告，这支意大利舰队编有 2 艘战列舰，6 艘巡洋舰和 7 艘驱逐舰。坎宁安随即又下了一道命令：舰队迅速向西北进发，争取切断意大利海军返回塔兰托的线路。

第二天一早，英国“老鹰”号航母再次派出 3 架飞机继续侦察。但很快，传回一条不利于英国人的情报：意舰队正全力返回塔兰托，而且已得到 6 艘巡洋舰与 13 艘驱逐舰的增援。

怎么办？打还是不打？

论实力，当时英国地中海舰队要比意大利舰队弱小，但坎宁安司令并不畏惧。他大胆迅速地作出部署：派鱼雷攻击机与快速巡洋舰相配合，进行第一次突袭；战列舰紧随其后，以强大的火力给予敌人致命一击。

7 月 9 日下午 3 点 08 分，巡洋舰“海王星”号发出信号：发现敌人主力舰队！英国海军巡洋舰在舰载机配合下，全力攻击敌人。混战当中，坎宁安指挥“厌战”号战列舰勇猛冲锋，用450毫米口径的主炮拼命地向意大利战列舰猛烈开火；交战中，“厌战”号只开了几炮，便重创了意大利旗舰。

意大利舰队司令康比奥尼见状不妙，再也无心恋战，慌忙下令舰队撤退；下午5时许，意大利其余战舰全部逃离战场。

尽管这次战斗没能取得预期的战果，但英国舰队却彻底摧毁了意大利舰队出海作战的意志，吓得他们连补给舰船都不敢护航。坎宁安却不断地派出炮舰，在北非海岸持续骚扰意大利陆军，迫使意大利陆军停止行动，只能乖乖地龟缩在阵地内。

与此同时，坎宁安还派出10多艘驱逐舰在塔兰托附近海域游弋以寻找战机；意大利海军得知这一消息后十分胆怯，一直不敢出战。

10月中旬，经过深思熟虑的坎宁安做出了一项重大决策：既然意大利人龟缩不出，那我们就打到塔兰托去！不久，他制订了一项代号为“审判行动”的袭击塔兰托的计划；而此次行动的关键是：使用航母上的舰载机来攻击港内的意大利舰艇。

按照最初的计划，英国方面将出动两艘航母参加“审判行动”，一艘为新锐航母“光辉”号，另一艘则为英国海军现役最老的“鹰”号航母。由于“鹰”号航母过于老旧，坎宁安下令将“鹰”号上的舰载机全部转移至“光辉”号上，由“光辉”号单独挑起进攻重任。

相较而言，“光辉”号航母的确够新的，于二战前刚建造完。“光辉”级舰一共建造了4艘，分别为：“光辉”号、“可畏”号、“胜利”号和“不挠”号，全部在二战爆发之后入役。

“光辉”号航母全长为225.6米，宽29.2米，吃水深8.8米；满载排水量可达2.97万吨。该舰的一大特色就是全方位的装甲防护；其水线部分拥有厚达114毫米的全防护装甲带，相当于同时代重型巡洋舰的防护水平。此外，它的飞行甲板铺设有76毫米厚装甲，可以抵御450千克炸弹的直接命中……总之，在一切有可能遭到攻击的部位，“光辉”号均设置有一定厚度的装甲保护，其战场生存能力远超过当时轻型防护装甲的航母。

“光辉”号航母。该舰具备当时少见的装甲甲板，战场生存能力较强，但因此机库缩小，使得舰载机数量大幅下降

然而，也正是因为全方位装甲防护，导致全舰重心较高，于是该舰又忍痛割爱，仅保留了一层机库，暴露了一艘作战航母的最大缺陷：舰载机数量严重不足！

“什么？‘光辉’号只能搭载36架舰载机！”英国皇家海军部负责作战指挥的一位高官问道。

“是的，最多36架！”“光辉”号航母舰长回答得非常干脆。

“不行！这种状况必须马上改变，否则将难以适应下一步海上作战的需要。”

在皇家海军作战部门的强烈催促下，“光辉”号加紧进行了改装，重点是在原设计机库的下面增加了半层机库；同时削减机库的侧壁装甲厚度，将机库高度从4.88米减至4.27米，从而使舰载机搭载数量有所增加；这样海空作战能力得到明显的提高。

为了使作战任务完成得更圆满，11月初，皇家海军还专门组织编成了一支海上作战编队。该编队除由“光辉”号航母担负核心攻击任务外，还有2艘重型巡洋舰、2艘轻型巡洋舰及4艘驱逐舰担任护航。参加攻击的舰载机来自皇家海军第813、815、819及824舰载机中队；此外，在“光辉”号上还有第806中队担任空中掩护。

这天，从马耳他岛上起飞的A–22“马里兰”式轰炸机进行了数次侦察行动，之后传回一份重要且极具诱惑力的情报：意大利在塔兰托港内共部署有6艘战列舰，其中5艘具备战斗力，包括当时意大利海军最新锐的“维内托”级战列舰，以及7艘重型巡洋舰、2艘轻型巡洋舰、8艘驱逐舰。可以说，这几乎是当时意海军的全部主力！

为了确保情报更为准确，英国海军于11月11日晚派出一架“桑德兰”式水上飞机进行最后一次侦察。这架水上飞机飞到希腊海岸的凯法利尼亚岛附近时，曾被意大利舰队发现，不过由于当时意大利战舰上未配备雷达，无法对英国舰队做出准确定位，只能被动地在港内等待。

当晚21点，航空队总指挥李斯特少将一声令下，第一波次总计12架“剑鱼”式双翼鱼雷机组成的飞行编队，在第815中队威廉姆森少校的指挥下逆风升空，很快消失在茫茫夜色中。90分钟后，第二波次的9架飞机也鱼贯而起。

第一波次进攻的12架“剑鱼”式鱼雷机中有6架携带的是鱼雷，另6架则为炸弹。22时58分，它们被分为两组抵达港口，其中较少的一组为3架轰炸机和1架鱼雷机；另一组则为3架轰炸机和5架鱼雷机。数量较少的一组继续飞往港内攻击停泊在那里的意大利军舰；而数量较多的一组则攻击城市西北部的油库。

不一会儿，油库被点燃时，港口也燃起了熊熊烈火。威廉姆森指挥3架飞机袭击了圣·皮特罗岛。在那里，他们发现了意大利战列舰“加富尔伯爵”号，这是一艘在一战时建成服役的老舰。

2012 年，一架“剑鱼”式鱼雷机正翱翔在英国本土的上空。这种老式飞机在袭击塔兰托的行动中立下过汗马功劳

威廉姆森驾驶座机压低机头，投射出一枚鱼雷，准确地击中了“加富尔伯爵”号侧舷水线，并撕开了一道 8 米多长的口子，海水大量的灌入，使之迅速沉入港底。但不幸的是，他却被舰上的防空火炮所击落。与此同时，另两架鱼雷机咬住了老式战列舰“杜里奥”号和新式战列舰“利托里奥”号；遗憾的是，投放的鱼雷都没有中的。

意大利人的噩梦还在继续！两架鱼雷机刚刚撤离，另一支由 3 架鱼雷机组成的袭击小分队，再次对“利托里奥”号战列舰发动攻击。

意大利战舰上的高射炮疯狂地喷射着火焰，然而 3 架英国鱼雷机全然不顾危险，冒死将鱼雷投向“利托里奥”号。这回袭击颇见成效，3 枚鱼雷中有 2 枚命中战舰，命中部位分别为该舰的舰艏右舷和舰艉左舷，使其舰体受到严重损毁。

23 时 55 分，两架英国战机以 15 秒间隔，先后共投下 22 枚照明弹，彻底将港口照亮，为己方继续攻击扫清视线障碍。紧接着，另外 5 架鱼雷机连续攻击被照明弹和火焰的光芒暴露无遗的意大利战舰群。接下来的战斗，则演变成一边倒的“屠杀”：1 枚鱼雷再次命中“利托里奥”号左舷下部；1 枚鱼雷在“杜里奥”号的 1、2 号弹药库间爆炸，所幸的是，未引起弹药库大爆炸。

起飞时因故障推迟 20 分钟赶来参战的“L5F”号也不甘落后，它投下的鱼雷准确命中了意军巡洋舰“塔兰托”号。就这样，空袭持续了 1 个多小时才结束。12 日凌晨，当最后一架“剑鱼”式鱼雷机返回“光辉”号航母上时，英国全国上下都为这一场前所未有的作战方式所获得的大

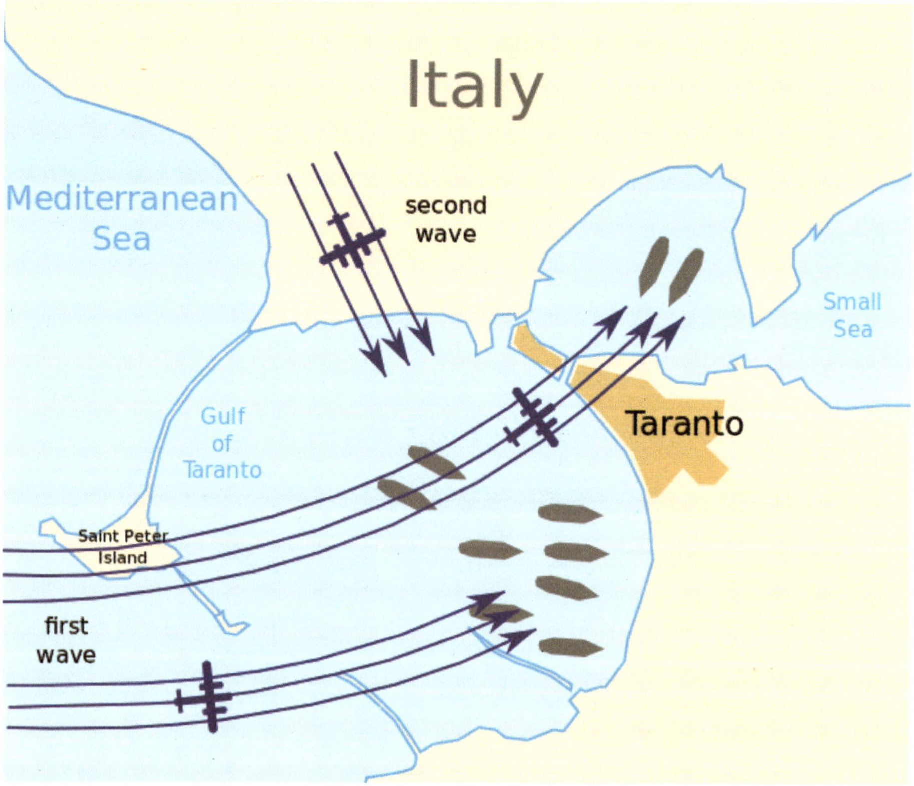

英军奇袭塔兰托港的攻击计划图

捷而欢呼。

塔兰托一役，英国方面总计出动了21架次的“剑鱼”式鱼雷机，以付出2架飞机被击落、2名飞行员被俘虏、另有两人失踪的代价，换来了击沉意大利战列舰“加富尔伯爵”号、重创“利托里奥”号和“杜里奥”号战列舰的辉煌战果。此外，英军还击伤一艘巡洋舰，并摧毁了港内大部分建筑和油库。意大利海军在一夜之间几乎损失了近半的战斗力，使得它不得不更换舰队驻扎港口，并丧失了其在地中海地区的主动权。

英国海军奇袭塔兰托的战绩充分证明，航母舰载机面对笨重的战列舰可采用灵活多样的进攻手段，标志着战列舰大舰巨炮的时代已然过时，而航母开始扮演日益重要的角色。

2.2 追击“俾斯麦”号，舰载机立奇功

“俾斯麦”号战列舰由德国汉斯·布洛姆造船厂建造，以德国近代史上著名的“铁血首相”俾斯麦的名字命名，于1940年8月建成服役成为了当时纳粹德国海军属下的一艘超级战舰。但谁也没想到，这艘当时欧洲乃至世界最大的战列舰竟在自己的处女巡航作战中折戟沉沙，葬身海底。当年为了追击、围歼“俾斯麦”号，英国不惜动用了当时它所能动用的几乎所有主力战舰。然而，恰恰被很多人忽略的是：在最终关键时刻，给予“俾斯麦”号“关键一击”的，却是由参加此役的两艘英国航母上起飞的“剑鱼”式鱼雷机完成的。

“俾斯麦”号与“提尔皮茨”号两艘战列舰，在日本“大和”号战列舰服役之前曾是世界上最大的战列舰；它的标准排水量4.17万吨、满载排水量更是达到了5.03万吨。该舰装备了4座双联装380毫米口径舰炮作为

英国航母“皇家方舟”号参加追击“俾斯麦”号行动，该舰上方飞行的是“剑鱼”式鱼雷机

主炮，身管倍径较长，射程较远，射速较高。

“俾斯麦”号占得当时世界上最大战列舰的名头，使英国人很不服气，它时不时也向外界炫耀“胡德”号战列巡洋舰。这艘被誉为战列巡洋舰绝唱的“胡德”号，舰身比“俾斯麦”号还要长（达到了262.3米），且标准排水量也略高于后者（4.21万吨），其4座双联装381毫米的舰炮，火力与“俾斯麦”号也不相上下。

为了消除“俾斯麦”号带来的巨大威胁，英国人密切关注着“俾斯麦”号。1941年5月19日，“俾斯麦”号和“欧根亲王”号重型巡洋舰离开德国，准备进入北大西洋打击英国的运输护航舰队。21日英国侦察机发现了“俾斯麦”号及伴随它的“欧根亲王”号重型巡洋舰的行踪，英国海军毫不犹豫地派出自认为能与“俾斯麦”号匹敌的“胡德”号战列巡洋舰和“威尔士亲王”号战列舰出战。谁知“胡德”号竟是那么的无能，仅在短短不到10分钟的炮战中，其主弹药库就被“俾斯麦”号精准地命中，引发一连串大爆炸，战舰当即被拦腰截断而急速沉没。

“胡德”号战列巡洋舰葬身鱼腹，使得长期以来一直被视为英国皇家海军的这个精神象征坍塌了，这顿时给英国海军及英国民众以极其沉重的打击。为此，英国首相丘吉尔恨得直咬牙根，迅速下了一道死命令："击沉'俾斯麦'号！"

在"欧根亲王"号上拍摄的正在与"胡德"号战斗中的"俾斯麦"号

然而，此时的英国已经没有哪艘主力舰能够与"俾斯麦"号战舰匹敌较量。正当众人一筹莫展时，突然一位高参冒了一句："我们何不套用半年前奇袭意大利塔兰托港时，航母舰载机'痛打落水狗'的战法。"这一句话使众人眼睛一亮！

是啊，英国人运用过航母及其舰载机，且尝到了甜头。这次完全可以"故伎重施"：先使用舰载机将"俾斯麦"号巨舰的"腿"打断，然后使其丧失"还手"和"逃跑"的能力，最后再用己方战舰将其"围殴致死"。

就这样，航空母舰就被选定参与围歼"俾斯麦"号战列舰的行动中。而被指定用于参加这次行动的两艘航母，为当时英国最好的航母"皇家方舟"和"胜利"号。"皇家方舟"号是英国在 1934 年预算时拨款建造的一艘新式全封闭式甲板的航母。该舰满载排水量 27720 吨，飞行甲板长 243.8 米、宽 28.9 米，设计可搭载各式舰载机 72 架，但实际一般仅搭载 50—60 架。该舰的重要部位，尤其是机库均设有装甲；不过，它并没有像“光辉”级航母那样实施全方位装甲保护。

当然，“皇家方舟”号航母最大的优点是：舰载机数量比“光辉”级航母多出了几乎整整一倍。众所周知，航母的主要功能就是能装载尽可能多的飞机以达到尽可能好的攻击效果。因此，“皇家方舟”号航母被认为比“光辉”级航母更具战斗力。然而，在执行完追击“俾斯麦”号的任务之后，1941 年年底，“皇家方舟”号航母在马耳他岛附近被德国 U81 号潜艇发射的一枚鱼雷命中后沉没，似乎从另一个侧面告诫人们航母的自身生存能力同样是值得关注的问题。

与“皇家方舟”号一同执行任务的“胜利”号是“光辉”级航母的 3 号舰。特别值得一提的是，“光辉”级航母一共建造了 4 艘，全部存活到了战后，并一直服役到 20 世纪 50 年代末至 60 年代初才陆续退役。这也很好地诠释了采用全方位装甲防护的航母有着十分顽强的生存能力。

战后摄于 1959 年的“胜利”号航母。此时该舰已经接受了现代化改装，外观与 1941 年时有了很大不同

“俾斯麦”号在与“胡德”号的激烈战斗中，燃料槽受损导致重油泄露，“俾斯麦”号战列舰在海上留下了相当明显的痕迹，这为英国人的追击提供了便利。英国皇家海军航母上派出的侦察机据此很快便搜寻到并确定了“俾斯麦”号的大致位置。大量的漏油造成“俾斯麦”号战列舰航速明显下降，舰上的公海舰队司令吕特晏斯海军上将非常清楚：一旦被英国侦察机发现锁定，将是凶多吉少。因而当他看见英国飞机从头顶飞过时，不禁焦急万分。舰上的各级海军军官及士兵心中也都布上了阴影，他们已经意识到“俾斯麦”号即将大难临头，恐怕将难逃过这一劫。

5 月 24 日，也就在发现“俾斯麦”号踪迹的第二天，英国“胜利”号航母上起飞的几架“剑鱼”式鱼雷机开始准备对“俾斯麦”号实施鱼雷攻击，但它的德国对手显然比半年前的意大利对手要狡猾得多。“俾斯麦”号战列舰连续、巧妙地进行规避，最后只有一枚鱼雷命中其舰身，并没有造成太大的损伤。

与此同时，吕特晏斯上将也在争分夺秒地与下属商量：决定采取声东击西的办法，引开英国飞机的追踪。他下令：“‘欧根亲王’号继续向前驶入大西洋，而‘俾斯麦’号转向法国海岸的圣塞纳港修理。”

“我到底跟踪哪一艘舰？”

“只能由你自己判断！”英国指挥部回答。

英国飞行员被德国人的举动搞蒙了，不知究竟要继续跟踪哪一艘战舰才好！原来，德国人这一聪明的举动，使得追踪的英国侦察机竟误以为“欧根亲王”号重型巡洋舰就是“俾斯麦”号战列舰。这也难怪，二战期间德国建造服役的大型水面舰艇的外轮廓如出一辙，极为相似：从“俾斯麦”级战列舰到“沙恩霍斯特”级战列巡洋舰再到“希佩尔海军上将”级重型巡洋舰；这 3 级主力战舰在远距离难辨你我。然而，就在这时，仿佛是造化弄人，一度曾将最重要的目标跟丢的英国侦察机，竟然由于吕特晏斯意外失误，重新盯上了“俾斯麦”号战列舰。当时，吕特晏斯上将以为自己并未完全甩掉追踪的英国舰队，因此向本土发送一份求援电报；恰巧，这份电报不幸被英军截获。当发现“煮熟的鸭子并没有真的飞走”后，英军立即再度派出多架侦察飞机。

5月26日，一架“卡塔琳娜”式水上巡逻机发现了“俾斯麦”号战列舰。就这样，英国人失而复得，再次锁定了这个重要目标。

“皇家方舟”号航母上紧急起飞的一批“剑鱼”式鱼雷机，快速赶到发现“俾斯麦”号战列舰的海域，并急速对这艘正在逃窜的庞然大物发射了多枚鱼雷。

这次，“俾斯麦”号战列舰的“幸运光环”不再，先后被3枚鱼雷击中，其中一枚穿透了舰艉装甲，船艉结构损坏后迅速下沉压迫到舵机，致使舵角卡死在15度方向。此损伤使得“俾斯麦”号战列舰航速进一步降低，航向也变得难以控制；这时候，它命数已尽，再也无法逃离英国舰队的追击了。眼看已没有任何希望，吕特晏斯上将向本土发送了最后一份悲壮的电报：“我舰已不堪操控，我们将战至最后一炮一弹，元首万岁！”

正使用380毫米主炮进行射击的“俾斯麦”号

5月26日夜至27日凌晨，一支英国驱逐舰队加速追上了“俾斯麦”号战列舰，并在黑暗中向其发射了数枚

鱼雷。英国人宣称他们发射的鱼雷至少有一枚命中了目标，但事实上那是“俾斯麦”号甲板上自己不慎起火导致的假象。不过，不管怎样，此时的“俾斯麦”号已完全失控，它竟朝着英国追击舰队前进的方向驶去，那是一条不归之路……

27 日早晨，英国追击的主力舰队终于赶到。这支舰队包括“英王乔治五世”号、“罗德尼”号这两艘战列舰以及大批巡洋舰和驱逐舰。大约 8 点左右，“俾斯麦”号战列舰完全进入了英国战列舰的主炮射程。“英王乔治五世”号与“罗德尼”号迅速用其 355 毫米和 406 毫米的巨型主炮轰击目标。在短短 20 分钟内，“俾斯麦”号舰艏的 2 门主炮便被轰得面目全非，无法使用。事实上，在整个战列舰交战的过程中，“俾斯麦”号一直都只攻击它认为威胁更大，且装备有 406 毫米巨炮的“罗德尼”号；但不知遇上了什么鬼，“俾斯麦”号 380 毫米主炮却始终无法击穿“罗德尼”号战列舰的装甲。就这样，“俾斯麦”号几乎被活活殴打至完全丧失了战斗力。一枚 406 毫米炮弹更是在 2700 米这个极近的距离上彻底轰碎了“俾斯麦”号战列舰的舰桥，其内的大量军官当场毙命。“俾斯麦”号战列舰顽强的生命力，着实令英国人咋舌。在饱受攻击约两个半小时后，它居然仍然漂浮在水面上，且发动机尚在运转。但此时的“俾斯麦”号，早已完全沦为了英国人发泄因“胡德”号被

英国“多赛郡”号巡洋舰正救起“俾斯麦”号的落水官兵

击沉而憋气的靶子。

上午 10 时 36 分，这艘号称“永不沉没的战舰”最终沉没在距离法国布雷斯特军港以西 400 余海里的水域，结束了自己短暂而传奇的一生。

从 5 月 19 日离开波兰格丁尼亚港执行代号“莱茵演习行动”的巡航作战，到 5 月 27 日上午被击沉于大西洋，“俾斯麦”号在其首次也是其一生中唯一的一次军事行动中仅仅存活了 9 天。这艘承载着第三帝国荣耀的巨舰没有像日后日本处女航即告沉没的“信浓”号巨型航母那样，糊里糊涂地送了性命；而是通过击沉“胡德”号和重创“威尔士亲王”号证明了自己的实力。

在此役中，尽管航母不是获胜的决定因素，但却是其中最为关键的一个环节。可以大胆设想，倘若英国方面没有航母及其舰载机参战，倘若“俾斯麦”号战列舰没有被鱼雷机击伤舵机而导致航速下降和航向被破坏，那么也许有更多的机会最终逃脱英国舰队的追击而返回本土。当然，历史是不容假设的！也许恰恰因为如此，历史才会充满了令后人感到遗憾的美。

2.3 袭击珍珠港，航母再建功

二战期间日本袭击美国珍珠港，是一场妇孺皆知，迄今仍为人们津津乐道的战例。这场日本不宣而战的突袭行动不仅把美国彻底拉入残酷的第二次世界大战，而且美日太平洋战争的爆发也加速了轴心国灭亡的脚步。正如偷袭珍珠港行动总策划、日本海军大将山本五十六所说：“我恐怕我们将一个沉睡的巨人唤醒了，现在他充满了愤怒。”日本军国主义的冒险行径，最终使日本及其人民付出了极为沉重的代价。

不过，抛开政治因素及对日后战局的影响，单就偷袭珍珠港这一军事行动来看，日军无疑获得了巨大的战术成功；而航母及其舰载机的有效灵活运用，成为此次行动获胜的关键。

早在1909年，日本军方就曾拟定过与美国的代号为“国家防卫策略”的作战计划。该计划当时就预测：美国会与日本在马里亚纳群岛至马绍尔群岛之间的海域发生战斗。所以，在此后的30多年时间里，日本海军也一直以此假想作为训练内容，各种战舰也一直以近海战斗为设计主轴。1941年，日军大本营提出与以前差别不大的计划：决定在开战之初，进攻英美荷在东南亚的殖民地，首要目标是荷属东印度的油田，其他还有马来半岛、菲律宾、缅甸等地。该计划还认为一旦与美国开战，在进攻美属菲律宾时，美国必定会以庞大的舰队前来救援，日本就能以其庞大的舰队进行类似日俄战争中的对马海战式的决战。

日本联合舰队司令山本五十六海军大将，是偷袭珍珠港行动的策划者

不过，时任日本海军联合舰队司令的山本五十六海军大将却并不赞同这项计划。原因是：在这个计划中，日本与美国进行舰队决战的主力是战列舰，而山本则认为战列舰在海战中的主力地位已不复存在！

“未来海战，航空力量将起决定作用。”这位海军大将十分自信。

在面对战列舰大舰巨炮制胜论者时，他曾毫不顾忌地说道，“战舰无论造得多大，也无法抵抗日益先进的成群飞机的攻击。”

事实上，山本的这一想法由来已久！早在1927年，山本在担任日本重型航母“赤城”号舰长时，就有对航母及其舰载机成为未来海战核心提出过假想。到二战爆发后的1940年，英国皇家海军利用“光辉”号航母的舰载机奇袭意大利重要军港塔兰托的战例，更是在山本心中留下了强烈的震撼。当然，曾在美国留过学并曾任驻美武官的山本也深知：美国的工业生产潜力是日本远远无法企及的，若以战列舰与美国决战，势必会使日海军陷入一场难以承受的消耗战中，最终必败无疑！

日本取胜的唯一机会，山本认为“必须在美国军事能力尚未动员起来之前便将其有生力量摧毁”。

“那么，选择什么样的目标才有决胜把握呢？”山本思索了很长时间，不断确定目标，又加以否定。最后，

美国太平洋舰队重要基地珍珠港的俯瞰图。摄于1941年10月30日

他认定“美国太平洋舰队就是日美一旦开战需首先打击的目标。”

当时美国太平洋舰队的前线主要基地就是珍珠港。这里，长年驻扎着太平洋舰队的大部分舰艇和飞机的主力，因此山本将珍珠港作为日军袭击的第一目标也就不足为奇了。

为了确保偷袭珍珠港的计划能顺利完成，山本投入了当时日本海军最为强大的6艘航母，并选定南云忠一中将作为执行这一偷袭任务的指挥官。这6艘航母分别为“赤城”、“加贺”、“飞龙”、“苍龙”、“瑞鹤”和“翔鹤”号；其中“赤城”、“加贺”、“瑞鹤”、“翔鹤”号为大型航母。

“翔鹤”号（“瑞鹤”号的姊妹舰）作为专门设计与建造的航母，在袭击珍珠港行动前不久才刚刚完工服役，其优异的设计和突出的作战能力，使其成为日本在二战期间战绩最佳的航母之一。“翔鹤”级航母设计于20世纪30年代后期，“翔鹤”号和“瑞鹤”号分别于1937年12月和1938年5月开工建造，并于1941年8月和9月先后服役。“翔鹤”级航母的满载排水量超过了3.2万吨，且在重点部位都有装甲防护；两艘舰

1941年9月25日刚刚服役时的日“翔鹤”级航空母舰2号舰“瑞鹤”号

的最高航速均超过了34节，堪称当时最快的航母；其飞行甲板长242.2米，宽29米，通常搭载72架飞机；需要时，还可增加12架备用机，使总载机量达到84架。在二战期间，这个载机量属于当时的高水准，为机动作战提供了有力保障。

12月2日上午10时30分，日本国会正式批复执行偷袭珍珠港的计划，南云于当天下午5点30分收到“登上新高山”与“1208”（“新高山”即是指开战决定，“1208”则为日本时间的预定攻击日，美国时间则为12月7日）的暗号。

不久，山本对行将出击的舰队发出最后的训话：“皇国兴废，在此一战，各官兵务必要恪尽其职，鞠躬尽瘁！”有趣的是，据战务参谋渡边安次后来透露，这句口号是日军参谋长宇垣缠在如厕时想出来的，且明显模仿了当年对马海战时东乡平八郎的话。

在南云忠一的指挥下，日军庞大的舰队出发了！6艘航母上一共搭载了414架舰载飞机，包括战斗机、鱼雷机、俯冲轰炸机和普通轰炸机在内的各种舰载机。

按原定计划规定，如果偷袭舰队在航行时被美军侦察机发现就应立即取消作战行动。编队出发后不久，即传来了东京方面收到的潜伏于珍珠港内间谍的信息：珍珠港内共停泊有美国太平洋舰队的9艘战列舰（实际“宾夕法尼亚”号在船坞中）、1艘航母、3艘巡洋舰、17艘驱逐舰和一些辅助舰艇。此外，船坞内还有4艘巡洋舰和3艘驱逐舰。间谍的进一步信息，也确认了港内没有反潜鱼雷网和防空气球；整个夏威夷丝毫也没有任何关于可能遭受空袭的预警情报。

美国当地时间12月7日凌晨，联合舰队第一航空舰队司令长官南云忠一中将在获得了这一消息后，喜出望外，下令立即开始行动。舰队中首先打头阵的并不是舰载机，而是5艘袖珍潜艇。然而这批袖珍潜艇的出击并不顺利，凌晨3时42分，其中一艘因露出潜望镜，被美军一艘扫雷艇发现；附近的驱逐舰迅速赶过来，立即投下深水炸弹，该艇当场便被击沉；其后几艘袖珍潜艇均被击沉。清晨5时左右，日本舰队抵达指定舰载机升空作战的地点。但又一个意外出现了，两艘护航重型巡洋舰派出的侦察机没有发来回报，南云忠一中将决定不等回报，提早发起攻击。

清晨6时许，日航母起飞的183架舰载机组成第一波次攻击群起飞了。

第一波攻击群被分为3个小组，总指挥官为渊田美津雄中佐。第一小组由89架九七式鱼雷机组成，它们的攻击目标是港内的战列舰和航空母舰。其中的49架九七式鱼雷机，作为普通水平轰炸机使用，由渊田美津雄亲

正从“翔鹤”号航母上起飞的第一波次攻击群中的一架鱼雷机。狂热的日军士兵在甲板上为起飞的“勇士”欢呼送行

自指挥，每架鱼雷机上携带有790千克穿甲炸弹；另40架九七式鱼雷机由村田重治指挥，每架机上均携带有九一式鱼雷。

第二小组攻击目标为福特岛和惠勒机场停驻的飞机。第二小组内包括51架九九式俯冲轰炸机，由高桥赫一指挥；每架九九式俯冲轰炸机携带250千克炸弹。

第三小组的攻击目标是击毁各机场上企图起飞迎战的美军战斗机，夺取制空权，同时保障自己鱼雷机和轰炸机的安全。下辖43架零式战斗机，由板古茂指挥。

此时由于时差缘故，夏威夷地区的太阳还未升起，岛上只有少数人起来晨练。而这一天由于是星期天，大部分士兵都还处于休假状态。

早上6时45分，奥帕纳雷达站中的两位二等兵在屏幕上发现有不明物体正逐渐靠近瓦胡岛，但他们并没有在意。不久，雷达屏幕上显示北方有大群飞机正在加速接近；这下，这两名二等兵有点着慌，连忙联络防空中心；而值班军官则漫不经心地回答说，他们应该是看到来自希甘姆机场的巡逻队，也许是从美国本土加州飞来的B-17轰炸机队。

一个小时后，约早上7时53分，在确定美国人并未觉察到危险后，渊田美津雄中佐通过无线电发出了信号“虎！虎！虎！”，通知南云舰队偷袭成功。

第一波次攻击群在抵达后确认所有美军在港舰艇，发现与间谍提供的情报数据有偏差：港内共有8艘战列舰（含一艘由老式战列舰改装的靶舰）、8艘巡洋舰、30艘驱逐舰、4艘潜艇、9艘布雷舰、14艘扫雷舰、1艘炮艇、12艘鱼雷艇、2艘补给舰和2艘油轮，而航母并不在港内。

日攻击群各机开始分别攻击预定的目标。刹那间，炸声四起、火光冲天，大部分战列舰均受到3枚以上的炸弹袭击。“亚利桑那”号战列舰由于被炸弹击穿弹药库而引发舰体大爆炸，舰上人员死伤最为惨烈。不久美

遭到日机攻击而发生大爆炸的“亚利桑那”号战列舰。在浓浓的烟雾中，该舰已经开始下沉

军开始反击，零星的高射炮火和极少数飞机起飞迎战；到8时40分，渊田第一攻击群开始返航，而日军第二波次攻击群越过瓦胡岛东岸，展开第二波次攻击。

第二波次攻击群共有171架飞机，总指挥官为岛崎重合中佐。第一小组则由岛崎重合亲自指挥，下辖54架九七式鱼雷攻击机；其中，27架攻击卡内奥赫、福特岛、碧罗斯的机库及飞机等目标；另27架主要攻击希甘姆机场的机库和飞机。

第二小组由江草隆繁指挥，分为4个小队；下辖81架九九式俯冲轰炸机，每架携带250千克炸弹；主要攻击港内船舰。

第三小组由饭田房太指挥，下辖36架零式战斗机；主要任务是攻击各机场企图起飞的飞机，夺取制空权与掩护各轰炸机。

在第二波次攻击行动中，美国“内华达”号战列舰试图冲出港口逃向外海，日军轰炸机对其发起猛烈的攻击，意图将其击沉以堵住珍珠港唯一的出口；但美军2艘拖船却在它被击沉前就将其拖出港外，使日军要将美太平洋舰队困死在港内的企图没能得逞。

从美国本土飞来的B–17轰炸机群也在此时抵达希甘姆机场，但由于油料不足、飞行员疲倦以及缺乏武器装备而纷纷被击落或迫降。从“企业”号航母飞出的18架俯冲轰炸机也在此时抵达，立即前去搜寻日方舰队，但却一无所获。9时45分，日军第二波次攻击群开始撤退。至此，空袭珍珠港的行动全部结束。

罗斯福签署对日宣战书的照片

山本五十六偷袭珍珠港，成功达成了自己最初的设想与计划。这是继英军夜袭塔兰托后又一次以舰载航空兵成功奇袭港口的战例。在航母舰载机的猛烈攻击下，战列舰再度显示出自己的脆弱。罗斯福总统愤怒地谴责12月8日为“活在耻辱中的一天”。日本联合舰队尽管在偷袭珍珠港的行动中风光了一把，但对于日本人来说，噩梦才刚刚开始！

2.4 中途岛之战，美航母逞威

偷袭珍珠港得手后，日军日渐得意忘形，开始大举进犯太平洋南线，迅速占领了英、美、荷等国的殖民地。此时，美国并没有闲着，趁机抓住日军主力南下的空隙，于 1942 年 4 月空袭了东京。

此举使得日本朝野震撼强烈。日本不少高官批评山本将主力派遣得过于靠南而造成本土防卫空虚，为此，及早消除美军在中太平洋的威胁的呼声逐渐高涨。

其实，在偷袭珍珠港之后，山本五十六就意识到：这次战役，日军“斩草未除根”，并没有歼灭或“逮住”美军一艘航母；尽管大获全胜，但却未能达成山本最初制订计划时的重要意图，全歼美国航母！

因此，山本极为担心：美国太平洋舰队会不会在不太长的时间里恢复元气；当下要做的就是在这之前再次将其摧毁。山本五十六素来以善于赌博和敢于冒险而著称，偷袭珍珠港是他在另一“赌场”上的一次大胜。这位日本海军大将曾对自己的赌博行为解释道：“玩的就是心跳。”如今，他打算压上更大的赌注，而这个赌注就是中途岛。

其实，早在 4 月 18 日美军空袭东京之前，山本就已经开始策划联合舰队在中途岛的行动了。这次行动的目的就是想把美国太平洋舰队引进一个绝地，然后给予致命一击。最初日军内部还在为是否攻击中途岛争论不休，但在东京被空袭之后，此争论迅即画上句号。

虽然美国空袭东京的行动并没有给日本造成重大的实质性伤害，但日方清楚，这足以证明美军仍有能力空袭日本本土。因此，必须将日本海军的力量向东推进到中途岛；不过也恰恰因为山本在空袭后急于攻击中途岛，致使其没有经过详细策划就贸然采取行动，从而埋下了失败的种子。

山本五十六谋划了如意算盘，他的总体作战计划是：在攻击日前 24 小时，以细萱戊子郎中将率领的日北方舰队向阿留申群岛进行佯攻，登陆阿图岛和基斯卡岛，摧毁荷兰港，以达到迷惑美军的目的；而在攻击日黎明，由南云忠一中将率领第一机动舰队，其主力为“赤城”、“加贺”、“飞龙”

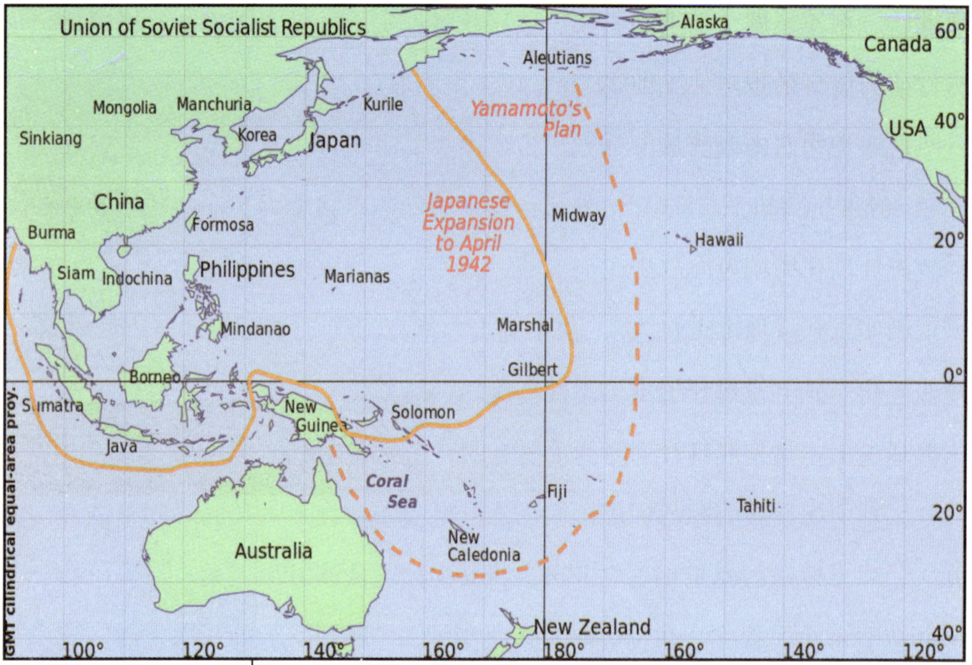

1942 年日军在太平洋的实际占领及计划扩张图。其中实线部分是当时日军已经控制的地区，虚线部分则为山本五十六设想要扩张的范围，中途岛正在其中

和“苍龙”4 艘航母。被誉为日军舰队“四大金刚”的这 4 艘航母，从西北方向轰炸中途岛，以此引诱出美太平洋舰队；接着由山本五十六大将亲率联合舰队的主力，包括最强的“大和”、“长门”和“陆奥”3 艘战列舰，在第一机动舰队身后 300 海里处，支援它与美太平洋舰队进行决战。最后，在攻击日黄昏，由近藤信竹中将率领海军陆战队由西南方向登陆中途岛。

从表面上来看，这一计划似乎并无大问题。然而，在开战前不久美军便成功地破译了日军电报，导致山本的计划被美军全盘掌握。美国新任太平洋舰队司令尼米兹上将，针对日军的计划做了周密安排，从而奠定了中途岛一役胜负的关键。

由于破解日军电报的密码十分费时，尼米兹上将直到最后一刻才掌握了日本舰队行动的可靠情报；他立即召回在太平洋西南方战场的航母“企业”号和“大黄蜂”号。另外，在珊瑚海海战中被重创的正在珍珠港进行大修的“约克城”号也在尼米兹的强令下，日夜兼程赶工维修。到中途岛海战开战前夕，“约克城”号航母的飞行甲板已重新铺平，内部也装上新的钢条支撑架，虽然其锅炉尚未完成全部维修，只能以24节航速进行航行，但该航母毕竟可以在预定时间内加入战斗序列，这实在是令当时的日本人做梦也没有想到的！

战前航拍的中途岛俯瞰图。该岛地势险要，乃“兵家必争之地”

二战爆发前，美国的工业生产能力虽已稳居世界之首，但其军队及装备数量并非力压群雄。即便太平洋战争爆发时，美国也只有25万常备军，其在太平洋地区的舰艇中也仅有5艘航母，分别为：“列克星敦”号、“萨拉托加”号、“约克城”号、“企业”号和“大黄蜂”号。其中，前两艘是由“列克星敦”级战列巡洋舰改装而成的，唯有“约克城”号、“企业”号和“大黄蜂”号航母才是美国海军第一级专门建造的中型航母。

作为“约克城”级航母的首舰，“约克城”号于1934年5月开工建造，1937年9月建成入役。该舰满载排水量达2.55万吨；船体全长251.38米，飞行甲板长

在珍珠港船坞中日夜抢修的“约克城”号航母。虽然它最终在中途岛海战中不幸战沉，但却为美军获胜贡献了不可磨灭的力量

230 米；飞行甲板宽 33.38 米；最大航速 32.5 节。舰上可搭载 90 架各式舰载飞机，搭载数多于同级别的日本中型航母“飞龙”号（57 架常规 +18 架备用）；与高一个级别的“翔鹤”级（72 架常规 +18 架备用）搭载数相当。

6 月 4 日凌晨 4 时 30 分，日本从 4 艘航母上起飞了第一波攻击机群，总计 108 架。然而，战役伊始，天平似乎就倾向于美国。5 时 30 分左右，由中途岛起飞的一架美军侦察机发现了庞大的南云舰队。

“发现日航母编队，位于中间的可以断定是旗舰‘赤城’号！”美侦察机飞行员报告。

“太棒了！”美军特混舰队司令弗莱彻顿时兴奋起

来，他下令，“‘企业’号和‘大黄蜂’号两支编队向日航母编队出击！”

此时，日军第一波攻击机群已经抵达中途岛上空，与驻岛美军战斗机展开激战。有数量优势的日攻击机群击溃美军战斗机后，轰炸了中途岛，但指挥官友永丈市大尉向南云中将发报要求第二波轰炸并开始返航。而几乎同时，由9架鱼雷机、67架俯冲轰炸机和20架护航战斗机组成的美军攻击群，前去攻击200海里外的南云航母编队。令日军意想不到的是，南云司令却没有得到关于美国舰队的任何情报。

南云在舰桥上，满脸焦急，急切地等待着消息。

每当电报传来时，他就会问一句：“还没来吗？”还没等下属回答，他就接着追问，“这次应该有消息了吧？”

然而，南云的每次追问最终都是失望。

早上7时15分，始终得不到关于美国舰队的线索，南云突然决定：将原计划舰载机上用于攻击美军舰队的鱼雷换成高爆炸弹，准备对中途岛进行第二次轰炸。

不过，13分钟后，日“利根”号重型巡洋舰上起飞的一架侦察机发来电报称，距中途岛东北约240海里的海面上发现10艘美国军舰（这一位置比实际位置偏北了90海里）。10分钟后，南云收到这份电报。

南云命令该侦察机，“迅速查明敌方舰队中是否有航空母舰！”同时，他又下了一道命令：“在甲板上作业的飞机暂停换弹！”就在南云等待侦察机的侦察结果时，由中途岛起飞的美军轰炸机编队，包括16架“无畏”式俯冲轰炸机和15架B-17轰炸机，突然间撕破云层，从天而降，急速扑向南云的航母。不过，由于美军轰炸机没有战斗机护航，很快就被南云派出的零式战斗机击退。

8时20分，南云接到侦察机报告，称这支美国舰队有10艘巡洋舰和10艘驱逐舰，看起来可能有一艘航母存在。这多少令如同热锅上蚂蚁的南

中途岛海战中美军“企业”号航母上整装待发的鱼雷机

云稍稍定了些神。

随后不久，第一波攻击的机群返回到航母编队上空，南云只好下令先腾出甲板，以供这些燃油即将耗尽的飞机降落。从 9 时 25 分开始直至 10 时 20 分，美军各种规模的机群对日本航母编队进行了轮番攻击，但都没有得手，反而损失了大量飞机。

这时候，南云自认为已经击退了美军的进攻，准备让第二波攻击群前去进攻发现的美军舰队。此时，日军攻击群已经做好起飞准备，而甲板上到处是换下的鱼雷、炸弹和刚加满油的飞机，一片混乱不堪的样子。日第二波攻击群的飞行员们都在抓住最后几分钟时间喝茶或与队友告别；空中护航的零式战斗机也都降到低空飞行。

然而，谁也没有料到，一场巨大的灾难正在降临。

10时22分，由马克拉斯基少校指挥的美军轰炸机队突然冲破云霄，出现在日航母编队上空。它们出现得如此突然，以至于日本零式战斗机根本来不及反应；而甲板上的日飞机还没等起飞便被击毁。美军航母攻击编队终于狠狠地“刺伤”了日航母。“赤城”、“加贺”、“苍龙”三艘航母在5分钟之内连遭重创。其中，“赤城”号挨了2颗高爆炸弹，“加贺”号与“苍龙”号则分别被命中3颗。日3艘航母甲板上堆放着未被回收的鱼雷、炸弹和航空燃料，引发一连串“二次”爆炸，导致它们迅速失去了战斗力。

当时，山本五十六正和同僚下棋。他接到南云的旗舰“赤城”号“严重受损，准备全员弃舰”的消息时，不禁喃喃自语道：“又被干掉了啊……南云会活着回来的吧？”

不过，幸运的是，“飞龙”号航母没被美军攻击。一小时后，“飞龙”号上的舰载机找到了因机动性低下而作为预备队的美“约克城”号航母，对其实施了猛烈攻击。刹那间，“约克城”号中了3枚炸弹，损失严重；但在船员的极力抢修下，又恢复了航行功能。两小时后，日再度派出飞机对其攻击，“约克城”号左舷中段又被两枚鱼雷命中，炸开两个大洞，瞬间丧失了动力。

但这只是日军的回光返照！在“约克城”号被击毁约一小时后，美军侦察机终于发现了日军硕果仅存的航母“飞龙”号。“企业”号和“大黄蜂”号上立即起飞30架俯冲轰炸机前去攻击。16时45分，“飞龙”号先后被4枚炸弹击中并引发熊熊烈火，很快失去了战斗力。19时13分，“苍龙”号首先沉没，紧接着“加贺”号也沉没了。“赤城”号与“飞龙”号如同两具燃着大火的棺材，在海上漂浮着，最后由日军驱逐舰自行击沉。至此，美军在中途岛海战中获得了史诗般的大捷。

“约克城”号被日军“伊－168”号潜艇击中时的照片

6月7日，日军“伊－168”号潜艇发现了正被拖航中的“约克城”号，向其发射了4枚鱼雷，有两枚中的。“约克城”号最终没能逃脱沉没的命运。

美国著名海军历史学家莫里森把中途岛海战胜利归结为“情报的胜利”。无疑，美军提前破译日军电报是其获胜的关键。然而，山本排兵布阵的失误，如将航母和战列舰分开，导致航母缺乏必要保护及过时的侦察方法，也都是失败主因。

2.5 潜水航母问世，海中“飞”出战机

1942年11月的一天，美国西海岸俄勒冈州的森林深处突然燃起一场莫名其妙的大火，后经多方人员的全力扑救，火势才逐渐熄灭，并恢复了昔日的平静。事发后，美国有关部门对于这场离奇的大火，调查了很多部门及人员，折腾了相当长的时间，但总也找不到纵火者的“蛛丝马迹”与

火因。

而此时的大洋彼岸，日本军方特别是海军军令部的首脑们却在暗中窃喜。原来，这场大火是一艘编号为“伊 –25”的日本潜艇所为；它通过其上搭载起飞的一架 E14Y1 型侦察机，悄然飞临至俄勒冈州的森林上空，神不知鬼不觉地投掷了两颗小型燃烧弹。这架舰载机燃烧弹的奇袭，不仅证明了大型潜艇具有远程奔袭作战的能力，而且能通过搭载的舰载机来对对方内陆纵深实施远程奇袭与神秘轰炸，从而收到意想不到的战果。

正是受到这次奇袭的启发与鼓舞，1942 年 4 月日本海军正式决定研制“潜水航母”。这年 6 月初，日本在中途岛海战中遭遇惨败，更加促使军方加快制订新的“改五计划”，决定及早上马新舰艇的研制与建造，其中非常重要的一项决定就是由爱知航空厂极其秘密地研制建造总数达 18 艘的“伊 –400”级“潜水航母”，该舰设计案编号为 S50。

实际上，上述日本袭击美国本土的“伊 –25”号潜艇内，仅搭载了一架小型侦察机；而“伊 –400”级“潜水航母”则进行全新设计与重大改进：既能在艇内机库里搭载新设计、较大型的舰载机多架，也解决了潜艇长时间水下隐蔽航行，以及舰载机的起飞与降落，与岸上指挥通信，有效使用

日本“伊 –400”级潜艇的吨位创造了当时的世界纪录

各种武器装备等多项难题。

从外形来看，“伊 –400 级”“潜水航母”更称得上是地地道道的“潜艇和航母大拼凑”：其上部颇有几分航母模样，而其下部则更类似潜艇，不过整艘潜艇采用了双壳体耐压结构设计，它的横截面看上去如同一副眼镜；它的飞机库也采用圆形耐压结构，装有一个很结实的舱门。在该艇的甲板上，设计有一个 35 米长、直径 3.7 米的密封机库，而在机库下方右舷内外两层壳体间有一个特殊的工作舱室，主要用于检修测试飞机发动机；旁边是载机弹药库，可储存 4 枚航空鱼雷、15 枚炸弹，以及航炮用的炮弹；而在耐压壳体里面，还有一个弹药库，装有更多的炮弹和潜艇自身使用的对付低空飞机的高射炮弹。

严格地说，“伊 –400”级“潜水航母”就是一种超大型潜艇。它的长度为 122 米，宽度为 12 米；水上排水量为 3530 吨，水下排水量竟高达 6560 吨。若论吨位和块头，即便与 1959 年入役的世界上第一艘弹道导弹核潜艇——美国的“乔治·华盛顿”级核潜艇（水下排水量 6880 吨）相比，它也毫不逊色；该艇设计艇员最初为 145 人，后增到 213 人；水面最大航速 20 节，水中航速只有 7 节；它能以 16 节航速持续航行 3.3 万海里，或以 14 节航速不间断地航行 4 万海里。

随着战争中的颓势及物资日益匮乏，日海军对“伊 –400”级的建造数量，由最初确定的 18 艘，到实际开工时骤减为 6 艘；但最终只完工了 3 艘。为了弥补建造数量上的不足，日军只得把该级艇原计划装载 2 架“晴岚”攻击机的机库加以扩大以便能多装载 1 架。

为了确保“晴岚”舰载机能够安全起飞，艇艏还铺设有长 26 米的飞行甲板，其前端装有 3° 的向上倾角，以及经过特殊设计的“特 8”号弹射装置。执行作战任务前，机务人员先将舰载机从机库里拖出来，在前甲板上组装好；然后进行加油、充气、挂弹等程序，最后用弹射器将舰载机从飞行甲板上弹射升空。完成作战任务返航后，飞机先降落在潜艇附近的海面上，接着使用艇上装设的可折叠式起重机，将飞机吊回机库。

“晴岚”式水上攻击机的历史照片。该机没有正常的起落架，而是装设一副水上降落用的浮筒，为标准的水上飞机样式

这种“潜水航母”上还装有140毫米舰炮1门、25毫米机炮10门；此外，艇艏还设置有8具533毫米鱼雷发射管，艇内装鱼雷20枚，外加4枚航空鱼雷。不难看出，“伊-400”级具有相当强的防空、反舰和反潜能力。

既然设计制造了“潜水航母”，当然还要有能搭载于母舰的舰载机。为此，日本海军军令部下令，加速研制出具有较强攻击力的舰载机；由于此前（1940年）日本早有一款性能相当不错的“彗星”舰载俯冲式轰炸机，其飞行速度超过500千米/小时，不仅飞行速度快、控制灵敏，而且还具有战斗机的飞行性能等优点。于是，军方下令立即以“彗星”舰载轰炸机为蓝本，研制出一款能装设于潜艇舱内的攻击型舰载机。

很快，新型的“晴岚”舰载机便由日本永德工厂设计完成。而这架新设计的新机与“彗星”舰载轰炸机原型几乎面目全非，只有风挡还大致一样。除了推出这款实战型的“晴岚”舰载机外，该工厂还研制出一款称为“南山”（M6A1-K）的教练型舰载机；两者最主要的差别在于，后者是将浮筒改为普通机轮。

为了减小阻力、增大飞行速度，最初的“晴岚”舰载机曾被设计成一次性使用的舰载机，这样机翼下方就不用装备降落装置；待攻击完成后，飞机迫降于母舰附近海面，使用母舰上的起重机将飞行员捞起救回而将飞机舍弃。然而，后来在制订奇袭巴拿马的详细计划时，考虑到飞机载弹量有限；如再加上对方战机的干扰，一波攻击恐怕很难达成目的，因此军方要求这款舰载机能够重复使用，能担负第二波攻击。

为此，“伊 -400”级上专门设计了弹射器，该弹射器每次可弹射 5 吨限定重量之内的舰载机；而“晴岚”式攻击机似乎就是为“伊 -400”级专门“量身定制”的：其最大起飞重量为 4.895 吨，正好在“伊 -400”级上飞机弹射器的限制内。为了满足对地或对舰攻击的需要，“晴岚”式攻击机上装有 1 挺 13 毫米机枪，还可携带总重达 800 千克的 3 颗炸弹。

日本永德工厂还特地为该攻击机设计了两个可拆卸的浮筒，以用于执行水上作战任务。为了不过多影响飞机速度，浮筒支柱外形被设计得非常简练，只有一个支柱而没有任何加强杆。至于每次出击是否装设浮筒，日本海军规定：应根据每次出击的具体情况来确定。

“伊 -400”级“潜水航母”的机库。其内部呈炮膛状的圆形，空间其实相当狭小，因此“晴岚”式攻击机必须将主翼和尾翼均折叠后才可以放入

应当说，“晴岚”舰载机的基本性能在当时各国舰载机中还是相当不错的：它的最大空重 3360 千克；翼展 12.26 米、机高 4.58 米，翼面积 27 平方米；最大飞行速度 474 千米/小时、巡航速度 300 千米/小时；实用升限 9640 米，最大

航程 1540 千米。

更重要的是，“晴岚”舰载机的主翼、尾翼能够折叠，水平尾翼也能往下折叠，可以最大限度地节省空间，浮筒则可藏于别的地方。准备出击前，从机库内拖出飞机进行整体安装，并注入各种加温的油料，直至启动完成，这个过程只需 3 分钟；而整个“伊 –400”级“潜水航母”完成“晴岚”舰载机出击，大约需要 20 分钟的时间。

不可否认，与“彗星”舰载轰炸机相比，“晴岚”舰载机的技术性能略有差距，例如它的最大飞行速度 474 千米 / 小时，要低于“彗星”舰载机的 500 千米 / 小时；巡航速度 300 千米 / 小时，也低于“彗星”舰载机的 400 千米 / 小时。但是对于能实施远程奔袭的潜艇搭载的舰载机来说，“晴岚”舰载机也基本上能满足日本海军实施远程袭击的要求。

摄于执行袭击美国本土任务之前的“伊 –400”号潜艇上的部分官兵合影

刚完成“潜水航母”及舰载机的设计，日本海军军令部就下令加大建造数量。可从 1943 年起，日本败象已露，工业制造能力明显下降；加之美军开始大规模地轰炸日本工业基地、建造工厂，使得“伊 –400”级后续的建造速度日渐减缓：1943 年 1 月 18 日，第一艘“伊 –400”号在吴海军造船厂开工还算顺利；而其后的“伊 –401”号和“伊 –402”

号虽然相继在佐世保船厂开工，但建造速度大幅放缓；“伊 –403”号原定在川崎海军造船厂开工建造，后因故取消。1944 年 2 月，“伊 –404”号在吴造船厂安放龙骨，不久便遭到盟军海军航空兵飞机的猛烈轰炸而炸毁。最终，“伊 –400”级“潜水航母”仅建造出 3 艘：1944 年 12 月 30 日，“伊 –400”号正式建成下水；而由佐世保船厂开工建造的“伊 –401”号和“伊 –402”号则分别于 1944 年 3 月 11 日下水、1945 年 1 月 8 日竣工和 1944 年 9 月 5 日下水、1945 年 7 月 24 日交付。

日本海军迫不及待，立即着手组建一支“潜水航母”编队。但显然，只有 3 艘“潜水航母”是远远不够的。于是，日本海军又决定紧急改装在建的其他大型潜艇为“潜水航母”。其中，重点是改装水下排水量为 3600 吨的“伊 –13”和“伊 –14”两艘特种潜艇，还准备建造属于同型的“伊 –1”和“伊 –15”两艘特种潜艇。不过，限于财力，日本潜艇建造能力急剧降低；直到二战结束，“伊 –1”和“伊 –15”两艘特种潜艇都未建成。实际上，整个二战期间，日本海军一共建成 3 艘“伊 –400”级，改装 了 2 艘“伊 –13”型。其中，“伊 –402”号由于建造完工时间过晚，加上毛病不少，最终未能编入“潜水航母”编队。尽管当时只凑集了 4 艘大小不等的潜艇，但这支水下编队仍是迄今为止世界上最大的“潜水航母”编队。

这支奇特的“潜水航母”编队被日本海军赋予了挽回太平洋战场败局的重任。日本联合舰队代理司令官小泽治三郎海军中将，为其制订了一个名为“PX 行动”的可怕作战计划。这项罪恶计划决定：出动 10 架“晴岚”舰载机，对美国西海岸城市及太平洋上一些人口稠密的岛屿投掷细菌武器。原来日本通过当时设在中国东北的“731”细菌部队，已在大量无辜的中国人及一些欧洲战俘身上完成了人体实验。日军企图通过被感染的老鼠和昆虫，在美国本土上散布鼠疫和黑死病等可怕的疾病。

幸亏，1944 年 5 月正式出任联合舰队司令长官的丰田副武海军大将取消了该计划，他担心“使用细菌武器将导致与全人类的对抗”。但他依然制订了一项疯狂的计划：使用“潜水航母”及其舰载机轰炸旧金山、巴拿马、华盛顿、纽约等大城市和重要目标。

若仅从作战行动来说，出动“晴岚”舰载机炸毁巴拿马运河应是最具有战略意义的行动。因为一旦瘫痪这条运河，将使美国海军舰艇无法由此便捷地运送兵力。

但要想长途奔袭巴拿马运河又谈何容易！由日本航行至巴拿马，来回航程要超过 1.4 万海里；这样每艘“潜水航母”起码需要装载 1600 吨燃料。可是战争末期的日本吴港根本搜刮不到这么多柴油。于是，“伊 –401”号被派往中国大连去抢运补充燃料。

这艘潜艇也够倒霉的！ 1945 年 4 月 12 日，它在日本海碰撞上美“超级空中堡垒”B–29 轰炸机布下的一枚水雷，受了轻伤而不得不返回修理。最后，只好派出“伊 –400”号代替它再次前往大连，这次总算抢运回了所需的油料。

这年 6 月上旬，4 艘潜艇都已补充满燃料，各种武器弹药也装备停当，且更换了新型的通气管装置，装上用于迷惑美军的假烟囱。它们悄然离开了吴军港，向北穿过对马海峡，通过日本海到达本州西海岸进行训练。训练期间，它们时常受到美 B–29 轰炸机所布水雷的困扰。加之，美国潜艇在该海域的活动也非常活跃。最令人困扰的是，因缺乏航空汽油，“潜水航母”舰载机训练受到很大影响，只能出动舰载机对巴拿马运河模型进行模拟攻击。

一切准备基本就绪，“潜水航母”即将出发，而此时太平洋战况却进一步恶化：有超过 3000 艘战舰和运输舰组成的盟军舰队开始执行为进攻日本本土做准备的“奥林匹克”行动；从而迫使日本海军将领重新考虑攻击巴拿马的计划，因为攻击遥远的巴拿马已经成为一次无关紧要的牵制行动。经过激烈的争论，最终的攻击目标被改为攻击乌利西环礁的美国舰队。

1945年7月4日，“伊-13”号奉命前往本州北部的大凑海军基地，特地装上两架新型“彩云”式远程侦察机；“伊-14”号于7月14日出发。然而，仅仅才过两天，即7月16日，“伊-13”号就在本州以东海域，被美国“劳伦斯·泰勒”号护卫驱逐舰和“安齐奥”号护航航空母舰上起飞的飞机发现并击沉。

作为日海军“超级秘密武器”的“伊-400”号和“伊-401”号于23日离开大凑，它们原定将在3周内分别前往乌利西环礁东南海域的集合地点，与先期到达的“伊-13”号和“伊-14”号汇合。然而，它们同样命途多舛：“伊-401”号在海上遇到了强烈的风暴，而“伊-400”号则发生了一次电子设备引起的火灾。

正当航行途中的“潜水航母”一筹莫展时，战争宣告结束！1945年8月15日，日本裕仁天皇通过广播发表《终战诏书》，宣布无条件投降。即将准备袭击乌利西环礁美国海军补给基地的“伊-400”号，接到“三军放下武器无条件投降”的诏文；在其驶往夏威夷投降前，便将舰上的“晴岚”舰载机拆卸投入海中。

此后，“伊-400”号便厄运连连：先于8月28日被美国海军俘虏，后又被拖往美国本土进行研究，而最终仍没逃脱在瓦胡岛外海自沉的下场。

2.6 马岛海空战，小航母“发飙”

1982年3月19日，39名阿根廷工人乘坐一艘运输船“布恩·苏塞索湾”号，在位于马尔维纳斯群岛（以下简称马岛）以东750海里处的南乔治亚岛（马岛的附属岛屿）利思港登陆。出于爱国热情，他们一上岸，便匆匆

马岛地势险要，是南大西洋海上的重要枢纽，历来为兵家必争之地。图为描绘 1914 年英德海军舰艇在马岛交战的情形。沉没的为德国“沙恩霍斯特”号装甲巡洋舰

忙忙升起阿根廷国旗，同时着手拆除一家旧鲸鱼加工厂。

这还了得！英国驻马岛总督雷克斯·亨特见状，真有点火冒三丈：这号称“大不列颠及北爱尔兰”的属地，岂容他人染指！于是，他立即向伦敦当局报告。很快，英国政府给予指示，命驻阿根廷大使安东尼·威廉斯立即向阿根廷政府提出抗议，指责阿根廷人升起国旗是对英国属地主权的侵犯，并要求阿根廷政府惩办“肇事者”，责令阿根廷工人立即从南乔治亚岛撤走。

英国海军高层命令“坚忍”号破冰侦察船，搭载由基思·米尔上尉率领的皇家海军陆战队一个排兵力，试图阻止阿根廷人的拆除行为并驱逐之。与此同时，阿根廷海军 5000 吨级的“喜事湾”号运输船载着 100 名阿根廷士兵也抵达这里实施登陆；见势不妙，英国人只好先行撤退了。

双方剑拔弩张！不久，英阿两国中断外交。

阿根廷干脆一不做二不休，开始了“罗萨里奥”行动计划。

4月1日晚，阿根廷舰艇编队在斯坦利港（马岛的首府）外展开。2日凌晨4时30分，以阿根廷国庆日命名的航空母舰“五月二十五”号，通过舰载的“海王”直升机，载送150人，在斯坦利港西南部着陆，分别向布鲁克兵营和马岛首府大楼发起进攻。登陆阿军使用75毫米无后坐力炮猛击英军，而守岛英军只能使用轻武器还击。整个攻岛战斗仅维持了3天，面对50倍于己的阿军，以及众多的海上舰艇和空中飞机，英国马岛总督一筹莫展，束手无策。上午9时25分，走投无路的亨特总督只好率领英国海军陆战队的麦克·诺曼少校及70名英军官兵缴械投降。

阿根廷占领马岛的消息传到英伦三岛，整个英国都“震惊”了！各大媒体纷纷报道英国的“丢脸行为”和“奇耻大辱”。反对党抨击保守党软弱无力，采取行动不力。

号称“铁娘子”的英国首相撒切尔夫人，行事作风真如其绰号。她当下表示，“岛在人在，岛失人离！如果不夺下马岛，我就辞职”。话说得够硬的，不过撒切尔夫人心里也清楚：瘦死的骆驼比马大！英国作为老牌帝国，尽管早已没落，但仍有颇强的实力，岂能容许第三世界国家在自己的头上撒野！

于是，英国一面以外交方式给阿根廷施加压力，一面积极备战，为夺回马岛做准备。但是由于英国本土距离马岛过于遥远，马岛距英国本土约7019海里，而距阿根廷仅270海里，因此航母成为特遣舰队中必不可少的重要角色。

摄于马岛海战时的照片，右边即为英国海军少将伍德沃德

为了表示重视，英国

委任海军上将约翰·费德豪斯担任特遣舰队的总指挥，而最重要的航母编队指挥官则由伍德沃德海军少将出任。航母编队中包含了两艘航空母舰：老旧的“竞技神”号航母和英国最新锐的“无敌”级轻型航母首舰“无敌”号；这两艘航母上搭载的28架“鹞”式和“海鹞”式战斗攻击机，是整个英国特遣舰队用来抗击阿军空中的绝对主力。

“竞技神”号航母是英国在二战后服役的一级多用途小型航母中的一艘。早在1944年6月21日，“竞技神”号便已开工，但由于二战的结束，该舰失去了建造的必要性，因此建造工作断断续续一直拖至1953年2月16日才结束。“竞技神”号原为攻击型航空母舰，先后经过多次改装；尤其是1971年3月至1973年8月，该舰被改装成两栖突击型航母，拆除了甲板上供固定翼飞机使用的弹射器。

1976年，英国因担负北约反潜作战任务的需要，再次对“竞技神”号“大卸八块”，进行了多项“大手术”：除保持原有的两栖支援能力外，其飞行甲板改为既可搭载反潜直升机，又可搭载垂直起降飞机的反潜航空母舰。1980—1981年，这艘航母又实施了一次现代化改装，增装了倾角为7.5度的滑跃式甲板，以利“鹞”式垂直/短距起降飞机的起飞。改装后该舰长

知识卡

弹射器

弹射器是航空母舰上推动舰载机增大起飞速度、缩短滑跑距离的装置，全称舰载机起飞弹射器。弹射器最早由英国人发明，在二战之前，大部分的固定翼机弹射器是液压弹射器。二战到了末期，喷气机开始出现，喷气机起飞距离的增大和飞机重量的增加，导致对弹射器的功率要求更大，可是，液压弹射器已经达到技术极限，这样蒸汽弹射器就应运而生。蒸汽弹射器结构很复杂，目前美国垄断着该技术。随着现代舰艇设备全面电气化的发展趋势，电磁弹射器开始被引入。

弹射器

230 米，宽 27.4 米，满载排水量 2.9 万吨，航速 28 节，续航力 4500 海里，编制人员 1350 名。舰上可搭载 9 架“海王”反潜直升机，5 架“海鹞”垂直 / 短距起降飞机；另外装备有 2 座四联装“海猫”舰对空导弹发射装置。马岛海战开战前，“竞技神”号航母已接近其在英国皇家海军服役的期限；马岛海战结束后 3 年，该舰便退出现役，后卖给印度，更名为“维拉特”号航母。

与老迈的“竞技神”号相比，新锐的“无敌”号航母显然被寄予了更高的厚望。该级轻型航母的灵感来源于英国在 20 世纪 60 年代设计的一种“6000”吨级具有飞弹发射器及直升机搭载能力的护航巡洋舰。但因不合时宜，英国于 1966 年令其下马，转而将其改为轻型航母，用于替代已经过时的“半人马座”级航母。“无敌”级航母的标准排水量为 1.6 万吨，满载排水量约为 2.06 万吨。以今天的眼光来看，无疑是一艘不折不扣的轻型航母，甚至比一些两栖攻击舰还要小。

已成为印度海军“维拉特”号的原英国皇家海军“竞技神”号航母

不过，“无敌”号航母的飞行甲板长210米、宽36米；最多可以容纳24架“鹞”式垂直/短距起降战斗攻击机和直升机。通常的搭配组合为：16架“海鹞”式战斗攻击机、8架包括“海王”式反潜直升机在内的各型直升机或18架“海鹞”式战斗攻击机、6架包括“海王”反潜直升机在内的各型直升机。如此的舰载机配置，在面对世界一流海军强国作战时可能会显得力不从心，但用来对付属于“三流水准”的阿根廷海军还是绰绰有余的。

为了能尽可能靠近作战目标，英军特遣舰队于4月中旬移师位于南大西洋最靠近马岛的海外殖民地——阿松森岛，并在这里建立了临时作战基地。尽管如此，阿松森岛离马岛仍有3380海里的距离，这使得即便是英国所装备的作战半径最大的“猎迷”式大型反潜机也只能航行至其一半的距离。面对如此不利的因素，英国皇家海军只有通过使用航母将舰载机带至距离马岛较近的海域，才能对阿军实施攻击。

马岛海战中的“无敌”号航母。该舰干舷较高，为舰载机提供了一个不错的平台

4月21日，英军首先向马岛附属的南乔治亚岛发起攻击。而此前两天，英国方面已经派遣核潜艇对该岛附近海域进行侦察；阿根廷似乎并没有派遣水面舰艇保护该岛周边海域。结果，英国海军陆战队相当顺利地登上该岛。一路上，他们并未遇到太大的抵抗，岛上为数不多的阿军士兵见情况不妙，便只好投降了。

5月1日，英军实施“黑公鹿”作战计划。该计划为由亚松森岛起飞的英国皇家空军“火神”式轰炸机群进行5次轰炸任务。“火神”轰炸机是一种中远程战术轰炸机，一次最多可携带21枚453千克的炸弹。“火神”

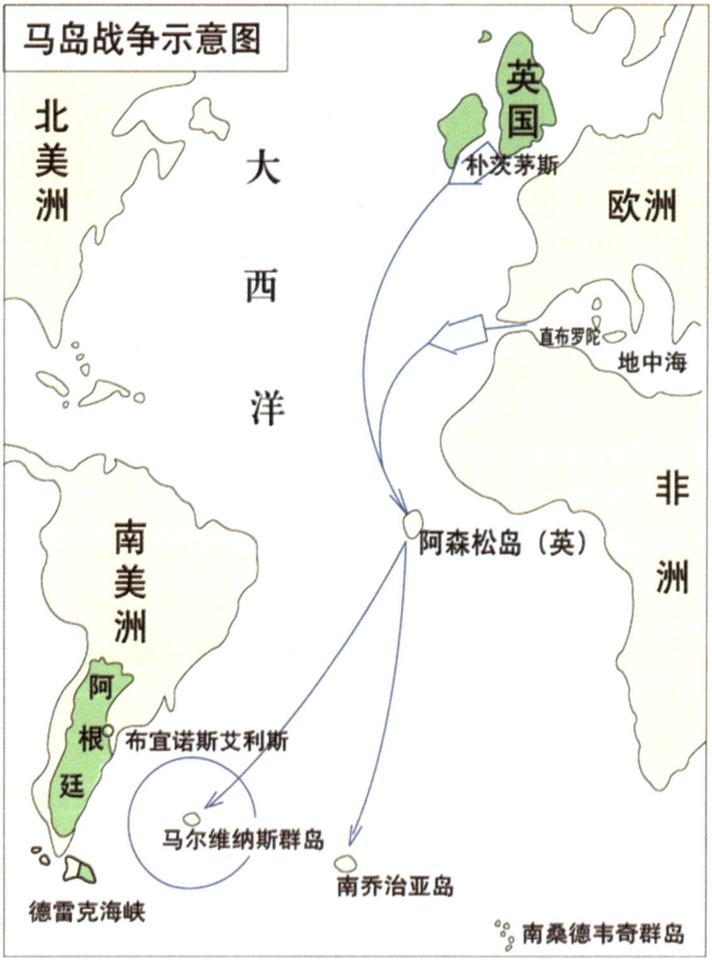

英军出兵马岛线路图

式轰炸机航程为 4171 千米，不过从亚松森岛起飞后到马岛的单程就需要 6260 千米，再加上满载时机身超过 77 吨重，因此需要进行至少 4 次空中加油才能飞抵攻击目标。这样计算下来，每 2 架“火神”式轰炸机每执行一次轰炸任务，就需要 11 架空中加油机支援；其耗费不可谓不大。

在“火神”式轰炸机的第一轮空袭完毕数分钟后，9 架“海鹞”战斗攻击机便从“无敌”号航母上起飞，对马岛的斯坦利港机场及古斯格林野战机场进行空袭。但空袭对阿军造成的损失并不大。

马岛上的 3 个机场都非常小，只有首府斯坦利港的机场有较长和完整的跑道。然而，这个跑道长度仍无法满足喷气式战斗机起降，所以阿根廷空军必须从本土起飞攻击。这严重影响了阿根廷空军的战斗机打击范围、空中巡逻频率及对地支援能力，因而阿军飞机在马岛的滞空时间显著缩短。

当时阿根廷空军最先进的战斗机是从法国购买的“幻影Ⅲ”型战斗机。实际上，阿军也只有这种飞机能与英国“海鹞”式战斗机一较高下。不过，由于双方的空中高度不同，因此交战并没有在相遇后立即开始；直到有两架“幻影Ⅲ”型战斗机“耐不住寂寞”，主动放弃战术上的优势，从高空向“海鹞”发动俯冲攻击，战斗才算真正打响。这两架“幻影”中的一架被“海鹞”发射的“响尾蛇”导弹轻松击落；另一架则成功躲过英军攻击，由于机身受创加上燃料不足不得不飞回本土。然而，这架飞机却遭遇了大“乌龙”——被自家炮火击落，真是倒霉到家了！

一番交手之后，阿军发现己方飞行员的素质要远低于英军，无奈中想出了一个“笨办法”：即采取以旧式飞机或民用飞机充当诱饵的方式，企图将英国“海鹞”式战斗机诱骗开，然后再伺机攻击英国特遣舰队航母，但依然没有得手。

4 月 29 日，阿根廷派出本国唯一一艘巡洋舰（购自美国二战退役巡洋舰，并加装了对空导弹）“贝尔格拉诺将军”号带领一支舰队前往马岛海域巡逻。

英国核动力潜艇“征服者”号发现了它。

“报告！发现阿海军巡洋舰，是否攻击？”情况紧急，艇长立即越级请示。

首相撒切尔夫人毫不含糊，一句“教训教训阿根廷人”的指示，使得艇长热血沸腾、杀性顿起。

“准备射击！”艇长命令道，“放！”

刹那间，3 枚鱼雷接连从发射管中飞速射出，径直向这艘老式巡洋舰“杀”去。不一会儿，只听传来两声巨响，其中两枚直接命中目标，“贝尔格拉诺”号巡洋舰当即爆炸，最终沉没海底，舰上官兵也死伤无数。

得知“贝尔格拉诺将军”号巡洋舰葬身鱼腹，以及人员发生重大伤亡的战报，阿根廷政府愤怒了。为了报复，他们派出当时最先进的“超级军旗”式攻击机（法国制造，阿根廷购买了 14 架）去攻击英军舰艇。

阿海军“贝尔格拉诺将军”号巡洋舰。该舰原由美海军于20世纪30年代建造，到 1982 年时已老态龙钟

5 月 4 日，阿海军航空兵“海王星”侦察机升空后不久，便传来一条有价值的情报：南纬 52 度 48 分、西经 57 度 40 分，大约距离马岛 100 海里处，发现有英军舰艇在活动。

阿海军司令阿纳亚再也掩饰不住内心的愤怒，猛一挥拳头，高声喊道：“出击！给我狠狠地打！”

2 架早已在里奥格兰德

机场挂弹待命的“超级军旗”飞机，如箭一般加速滑跑，随之拔地升空；而此前先期升空的阿空军 KC-130 加油机，早就在空中巡逻等待，准备为其空中加油；阿空军另外 3 架“幻影”战斗机也即刻出动为其实施伴随护航。阿海、空军空中编队如同两把利剑，以 15—20 米的高度，充分利用英军舰艇雷达的盲区，进行超低空飞行，快速插向英舰船。

眼看着离英国皇家海军 42 型“谢菲尔德”号导弹驱逐舰越来越近，2 架“超级军旗”飞机继续根据“海王星”侦察机提供的信息，不断地修正攻击航向与高度。

当距离“谢菲尔德”号导弹驱逐舰约 46 千米时，机长命令僚机：“升高到 150 米！”这是发射导弹比较适合的高度。说时迟那时快！只见 2 架“超级军旗”飞机上怒射出 2 枚 AM-39“飞鱼”空对舰导弹。这种空对舰导弹具有速度快、弹道低、威力大等特点；它的弹头装有 165 千克烈性炸药，导弹最大射程 55 千米；导弹脱离飞机后飞行了 3—4 秒钟，迅即降至 15 米的高度，并以巡航速度继续前行；接着，导弹再降低为掠海面 2—3 米的高度，以接近音速的速度射向目标。由于受气象条件限制，“谢菲尔德”号导弹驱逐舰上的舰员，在导弹飞至距舰约 5000 米的距离处才发现，此时预警反应时间仅剩下 4 秒钟。

等舰长反应过来，已为时过晚，舰长只喊了一句“注意隐蔽”，根本来不及采取有效的抗击措施，1 枚“飞鱼”导弹便呼啸而至，直接命中该舰的右舷中部水线以上 1.8 米处。舰上大火开始蔓延，动力、照明、通信、消防等设施全部被破坏。全舰一片火海，浓烟滚滚，大火一直烧到次日晚 8 点才熄灭，后来在拖带途中终于沉入海底。

事实上，“谢菲尔德”号驱逐舰的“光荣阵亡”并没有白费，因为阿“超级军旗”战斗机原本的攻击目标是英国航母。正是“谢菲尔德”号“飞身堵枪眼”般的行为，为英国皇家海军特混编队航母“挡”住了致命一击。

倘若英国航母遭受阿军“飞鱼”导弹攻击受到重创或沉没，结果都有可能迫使英国立即终止其在南大西洋的军事行动；而“铁娘子”撒切尔夫人也很有可能面临“下课”的危险。

发生在1982年的英阿马岛海战，是冷战后期一场由航母参加的著名战役。马岛战争中，英国航母的行动保证了其作战飞机有足够燃料和弹药，获得制空权，成了英军获胜的关键，也为现代航母作战创立了新的战法。阿根廷本想借着英国在马岛撤军之际趁机夺回该岛，缓解国内压力；不想却“偷鸡不成蚀把米”，反而被英国所重创，从而铸就了英国首相撒切尔夫人“铁娘子”的传奇。

2.7 “魔道之战”显神威

1969年9月1日，年仅27岁的卡扎菲领导“自由军官组织”发动“九月革命”，推翻伊德里斯王朝，建立了阿拉伯利比亚共和国，出任革命指挥委员会主席兼武装部队总司令。他还没有“太贪心”，只把自己晋升为上校。

自掌权之后，卡扎菲就发动阿拉伯人与以色列对抗；这无疑就和以色列最重要的支持者美国结下了梁子。为了表示决心，卡扎菲干脆一头倒进苏联人的怀抱。苏联人也十分看好利比亚优异的地缘战略位置，于是自1975年起直接向卡扎菲政权提供了价值约60亿美元的军火，其中包括2000辆新式坦克、大量米格–23和米格–25战斗机以及一些潜艇、导弹等现代化武器。不仅如此，苏联还向利比亚派遣了多达1000人的军事顾问团，协助利比亚军训练使用这些武器。

为了进一步对苏“效忠”，利比亚干脆将原先供美国使用的惠勒斯空军基地直接转交给苏军使用；同时还废除了原来与美英签订的多项协定。这一下，可把美国人惹恼了，大骂利比亚是“支持恐怖分子活动的基地”，并不断扬言要对利比亚采取报复行动。

面对日渐险恶的形势，卡扎菲仍不买账！继续挑衅美国，常做出一些“出轨”的行动：1981 年 8 月 19 日，两架利比亚战斗机率先用导弹攻击正在锡得拉湾海域演习的美军飞机，但却被美机悉数击落。

两国矛盾因此进一步激化，美国遂决定要教训教训利比亚。

1986 年春天，经过精心策划，美国发动了一场代号为“草原烈火”的空袭行动，主要通过海空军联手，彻底推翻卡扎菲政权。

这场现代世界战争史上第一次“外科手术”式的精确打击行动，虽未达到推翻卡扎菲政权的目的，但却展现了美军在尖端武器配合下其兵力兵器的强大威力。

这一回，苏联似乎更坚定地站在卡扎菲一边，在各种场合均严厉斥责“美国对和平的利比亚城市所采取的是厚颜无耻、不宣而战的空中侵略！”

美国则反唇相讥，称该行动是针对“利比亚在中东及欧洲地区的恐怖主义行为”，是“合理合法”的。

实际上，美国的指控也并非空穴来风。1985 年 12 月底，罗马和维也纳机场连续发生两起利比亚的恐怖分子袭击民航办事处的惨案，遇害死亡的 20 人中有 5 名是美国人；1986 年 4 月 2 日，来自利比亚的恐怖分子又用定时炸弹袭击罗马飞往雅典的泛美航空公司的波音 707 客机，造成机上美国人 4 死 9 伤的惨剧。考虑到美国对待国际恐怖分子的一贯作风，这些恐怖行动已足以让其对利比亚发难。

1986 年 3 月 22 日，美国海军第 6 舰队的航母攻击群开始在地中海地区举行例行性演习。此次演习，美国海军一共调遣出动了 34 艘舰船，其中包括 3 艘航母，分别为“美国”号、“珊瑚海”号和“萨拉托加”号。

3 艘航母上一共搭载了 225 架各式飞机。这 3 艘航母中最先进的当属“美国”号。“美国”号为常规动力大型航母“小鹰”级的 3 号舰，该级是美国航母“福莱斯特”级航母的改进型。“美国”号航母飞行甲板长 319 米，最宽处达到 76 米，满载排水量达 84914 吨。该航母设计可搭载 70—80 架现代化喷气式飞机和直升机；舰载战斗机主力是 F-14“雄猫”；该机为重型战斗机，它的最大起飞重量超过 33 吨，最大平飞速度为 2.38 马赫，装有可变后掠翼。

“萨拉托加”号是美国首级超级航母“福莱斯特”级的 2 号舰，其外观看上去和“小鹰”级并没有太大区别。服役初期“萨拉托加”号最多可以搭载 90 架飞机，后来

执行“草原烈火”行动的美国海军“美国”号航母

准备执行对利比亚空袭的 F-14“雄猫”战斗机

随着舰载机体型的增大及其作战威力的增强，载机数量下降至 70 架。

“珊瑚海”号则是这 3 艘航母中最“老掉牙”的。其建造于二战末期的 1944 年 10 月，是“中途岛”级航母中的一艘，于 1947 年 10 月完工入役。由于最初搭载的舰载机都是活塞式飞机，体积较小，因此该舰的初始甲板宽度只有 41 米。1957 年，该舰接受了为期两年多的现代化改建，在主甲板上增设了斜角甲板，最大宽度超过 44 米，以适应更大的喷气式飞机在甲板上起降。“中途岛”级航母在完成现代化改装后，其舰载机数量急剧下降至 55 架。执行“草原烈火”行动时，已是这艘航母“垂垂老矣”的最后时光（1990 年该舰便正式宣告退役）。

3 月 23 日，美军航母战斗群驶入锡德拉湾北部，距离卡扎菲宣布的“死亡线”（北纬 32° 31'，即卡扎菲所宣布的利比亚领海界限）大约有 107 海里。为有效保护航母战斗群的安全，美军在距离其战斗核心部位前方 65 海里处建立了一层反舰防护网，由一些装备了“宙斯盾”舰空导弹防御系统的巡洋舰和驱逐舰组成，舰艇在舰载机的掩护下行动；而情报侦察工作则由在巡逻区域上空活动的 4 架 E–2C“鹰眼”预警机完成。

23 日晚 21 时 14 分，2 架从“美国”号航母上起飞的 A–6 舰载攻击机还攻击了 1 艘正向美航母战斗群逼近的利比亚导弹艇，几乎同一时刻 2 枚“鱼叉”导弹直接命中该艇；该艇连同艇上的 27 名利海军官兵迅速沉入海底。23 时 15 分，2 架 A –6 攻击机从“珊瑚海”号航母上起飞，又将一艘从班加西港驶出的利比亚导弹巡逻艇“打回了零件状态”。

3 月 24 日，美军越过了那条卡扎菲于 1983 年对外界宣布的“死亡线”。下午 2 时 25 分，部署在苏尔特市的利比亚防空军“萨姆 –5”防空导弹营对美军“雄猫”舰载战斗机进行攻击；其中 2 枚苏制“萨姆 –5”导弹因受到美军电子干扰机的干扰而偏航。利比亚空军随后出动 2 架米格 –25 战斗机升空，结果遭到美机拦截，无功而返。

傍晚时分，又有利比亚 3 枚“萨姆 –5”导弹和 1 枚“萨姆 –2”导弹拔地而起，射向空中，但也未能击中目标。美国 2 架 A–7 舰载攻击机立即对该阵地进行了报复性打击，在己方电子干扰机的掩护下，快速发射“哈姆”反辐射导弹，当场摧毁了利军的防空导弹发射阵地。

25 日凌晨 1 点 54 分，2 架从“萨拉托加”号航母上起飞的 A–7 攻击机再次摧毁了利比亚防空导弹部队刚刚更换的新型制导雷达站，随后又发射一枚“鱼叉”导弹打爆了 1 艘利比亚导弹巡逻艇。

从 24 日至 25 日，短短两天，美军先后击沉、击伤了利海军 5 艘导弹巡逻艇；摧毁 2 座防空导弹发射阵地；毙伤利军士兵 150 余人，自己却无

“草原烈火”行动中的美国舰载A-7攻击机

一伤亡。不过，这只是美军“草原烈火”总体行动中的“序曲”。在这一阶段，美军主要目的是先摸清利比亚指挥机构、防空部队和兵力行动变化情况，探察在美军预期突破方向上的利比亚防空系统无线电电子设备的工作规律，明确利比亚空军基地导航设备工作的规律等。此外，考虑到航空兵在夜间战斗条件下的行动特点，需提前标注将要打击的目标、制订航空兵突击飞行路线和确定明显地形地标。

一切准备停当后，美军决定使用舰载机发动名为“黄金峡谷”的空袭行动，而这也是“草原烈火”行动的关键部分。参加“黄金峡谷”行动的主要作战飞机有：F-111战斗轰炸机、A-6攻击机、F/A-18战斗/攻击机、F-14战斗机以及EA-6B电子干扰机。此外，还有KC-10和

KC-135 空中加油机。

在“黄金峡谷”空袭前夕，美军精心制订了行动的所有主要措施；美军飞行员还在最大限度地接近实战的条件下，进行了模拟行动的一系列预演。无论是对美军司令部，还是对即将参加空袭行动的美军飞行员来说，利比亚防空系统都已不再具有任何秘密了。至此，卡扎菲其实已经输掉了这场反抗美国的战役。

美军实施“黄金峡谷”行动，已握有多方面有利因素：首先，可利用利军飞行员不能夜战的弱点，减少对美军飞行员的压力；其次，美军飞机可在夜间敌军防备松懈时出发，以超低空飞行方式，利用利比亚防空导弹部队雷达和火力系统的盲区，悄悄接近早已选定的攻击目标，使用破片式航空炸弹和集束炸弹（当时刚研制出的高精武器），对地面目标实施集中精确打击；再次，美军特别组织第 6 舰队特种飞机编队和其他兵力，全力协助空中突击编队成功、安全地突破利比亚防空系统。

4 月 14 日 21 时，美军 24 架 F-111 战斗轰炸机、5 架电子干扰机、18 架 KC-135 型、10 架 KC-10 型空中加油机从英国本土起飞飞往地中海。由于法国和西班牙政府拒绝开放空中走廊，美军机群无法直接通过，只好经比斯开湾，沿葡萄牙沿岸、直布罗陀海峡、地中海中部飞抵的黎波里地区，行动后原路返回。F-111 战斗轰炸机编队飞抵利比亚沿岸 200—300 千米时,开始降低飞行高度,直至 100 米以下,之后分散行动。6 架 F-111 以 50—60 米的高度超低空飞行，顺利地从利比亚防空导弹部队雷达场和火力系统的缺口中溜进去，由北向南对贝西纳军用机场和的黎波里市阿普皮耶兵营、军用机场、西迪比拉尔港进行轰炸。其余的 F-111 则另分为三个小队（每队 6 架），以 1 分 30 秒的间隔，从北部方向飞抵利比亚首都上空，发射 453 千克重的航空炸弹和专门用于摧毁地下防护目标的特种炸弹，轰炸卡扎菲可能的藏身之处。但有一个小队的 6 架 F-111 轰炸机未能完成突破任务。

15日零时20分，由16架F-111组成的空袭机群飞抵距利比亚海岸约500千米的美航母编队上空。此时美国海军14架舰载A-6攻击机、6架A-7攻击机、6架F/A-18战斗攻击机、14架EA-6B电子战飞机以及E-2C“鹰眼”式预警机、F-14战斗机和其他支援飞机共100余架，先后从“珊瑚海”号和“美国”号航母上起飞，与远航到达的空军机群顺利会合。至此，在利比亚北部上空会合的飞机达150余架，组成拥有多达15种机型的空中集群。如此多的飞机在空中配合如此紧密，是前所未有的。

一艘被美军导弹击中后冒起浓烟的利比亚海军导弹艇

凌晨1时54分，美军第一波空袭开始。14架EA-6B电子战飞机施放强烈干扰，使利比亚防空导弹制导雷达失灵，无线电通信中断；与此同时，海军舰载机率先对利军防空阵地发起导弹攻击。F/A-18战斗/攻击机和A-7攻击机各6架，在主攻编队进入目标区前6分钟对的黎波里和班加西利军雷达站接连发射了“百舌鸟”和“哈姆”高速反辐射导弹约50枚，共摧毁利地面雷达站5座，并迫使其他雷达站关机。利军整个防空体系陷入全面瘫痪状态。

在舰载机压制利防空阵地的同时，美空军第48联队的16架F-111战斗轰炸机使用地形跟踪雷达，以60—150米的超低空掠过利比亚海岸线。这16架F-111战斗

1986 年“草原烈火”行动之前的“珊瑚海”号航母

轰炸机与 14 架从“珊瑚海”号和“美国”号航母上起飞的 A-6 攻击机被编为 5 个空袭编队，于 15 日 2 时分别对的黎波里和班加西的 5 个预定目标同时发起攻击，整个主攻时间仅用时 11 分钟。可以说，利比亚军毫无还手之力，所有阵地和设施被打得支离破碎，一片狼藉。

尽管卡扎菲在战争中躲过一劫，但利比亚军事实力已开始一蹶不振；而在锡德拉湾的这场“草原烈火”行动中，美军没有折损一兵一卒，令世人对美军航母及舰载机更是刮目相看。

2.8 多国航母“秀”海湾

1990 年 8 月 2 日，伊拉克倚仗其地区性军事强国的实力突然入侵其邻国科威特，进而向全世界宣布吞并科威特，将其作为第 19 个省纳入本国

海湾战争中，在美国“肯尼迪”号航母上整装待发的 A-6 攻击机

版图。美国及西方国家则从其自身战略利益出发，以“解放”科威特为由，打着和平的大旗堂而皇之地出兵海湾，采取了“沙漠盾牌”和“沙漠风暴”行动。从 8 月 16 日开始，多国海军舰艇便对开出或驶往伊拉克的一切船只进行拦截；而多国海军航母在这两场军事行动中，更以极其出色的表现而夺人眼球。

为了确保海湾战争胜利，最初，美国政府和军方曾动过“借用周边国家机场”的念头。但是，当时很多国家并不愿意，原因很简单：一旦将来美军打完撤出后，伊拉克有可能“秋后算账”，那时自己就被动了。其实，即使有的国家同意，如沙特阿拉伯允许美国空军飞机进驻自己国内的机场，可是美国空军批量战机并非想来就能来，它必须先经过长途跋涉，所以支援保障工作将相当复杂。例如，美首批进驻飞机先后经过 12 次空中加油方到达这个地区，其保障的复杂与艰辛程度可见一斑！

实际上，当时周边国家的陆地机场还面临着一种威胁，即伊军“飞毛腿”

导弹的袭击。“飞毛腿”导弹是苏联20世纪50年代研制的一种近程地地战术弹道导弹，分为A、B两种类型；采用车载机动发射。A型于1957年服役，B型是A型的改进型，1965年服役。“飞毛腿B”导弹弹长11.164米，弹径0.88米，翼展1.81米；起飞重量5.9吨，弹头重1吨，可装860千克炸药，杀伤半径约150米。这种导弹采用惯性制导，最大射程300千米，最大速度1500米/秒。弹头类型为常规弹头或化学、核弹头；圆概率误差，射程300千米时约为300米。

当时，沙特最重要的空军基地就曾经被“飞毛腿”导弹命中过。空军作战的持续能力受到了很大的威胁。而这个时候一旦空军基地出了问题，就无法保障空袭作战的稳定性，所以依靠在海上浮动的机场——航空母舰就成为最理想、最可靠的作战平台。

整个战争期间，财大气粗的美国先后动用了9个航母战斗群，分别从几个方向进驻中东附近海域：部署在红海的有“肯尼迪”号、“萨拉托加”号和“美国”号；部署在波斯湾的有“中途岛”号、“突击者”号和“罗斯福”号；此外，“独立”号航母和“艾森豪威尔”号航母战斗群也都曾部署在海湾地区。海湾战争爆发后，美国又增派了“福莱斯特”号航母战斗群前往助阵。另外，前往波斯湾的还有英国参战的“皇家方舟”号航母战斗群。整个战争期间，云集海湾的航母多达10艘以上，且始终有6艘航母围绕着伊拉克实施“作战行动”；这6艘航母上总共搭载有接近500架作战飞机，对伊拉克形成了绝对的空中优势。

在美国派出的多艘航母中，最老的是曾在二战末期建造并服役的“中途岛”号。海湾战争爆发前，该舰在日本驻泊时曾发生意外爆炸并引发火灾，本已预备就此退役，但由于中东局势的紧张，该舰临时被抽调前往波斯湾支援美国将要发动的“沙漠风暴”行动。其余的几艘航母中，“萨拉托加”号和“突击者”号属于“福莱斯特”级；“美国”号与“肯尼迪”号属于“小

知识卡

航空母舰战斗群

航空母舰战斗群

航空母舰战斗群是以大型航母为核心，集海军航空兵、水面舰艇和潜艇为一体，是空中、水面和水下作战力量高度联合的海空一体化机动作战舰队，具有灵活机动、综合作战能力强、威慑效果好等特点，可以在远离军事基地的广阔海洋上实施全天候、大范围、高强度的连续作战。

以美军为例，通常一个航母战斗群的标准编制为：1艘现役航空母舰（尼米兹级）、2艘导弹巡洋舰（提康德罗加级）、4艘导弹驱逐舰（伯克级）、1艘护卫舰（佩里级）、1至2艘攻击型核潜艇（洛杉矶级）和1艘供应舰（多为萨克拉门托级快速战斗支援舰）。

鹰”级；而“罗斯福”号则属于美最新锐的核动力超级航母“尼米兹”级。

“罗斯福”号航母的舰名取自美国第26任总统西奥多·罗斯福。据称，西奥多·罗斯福是一个地地道道的海军迷，同时又是“美国海军之父”马汉的推崇者。难怪他在任内（1901—1909）曾拼命扩充海军，组建了美国第一支现代化舰队——“大白舰队”，并向世人宣告了美国海军的崛起。

“罗斯福”号是“尼米兹”级核动力航母的第4艘。它的飞行甲板全长332.8米，飞行甲板宽76.8米；吃水深11.3米；满载排水量达到了96386吨。从龙骨到桅顶，该舰共有24层，高度达76米，相当于一幢20多层的高楼。在舰右舷偏后处，耸立有高大的岛型建筑，上面布满有各种指挥、通信、导航和雷达天线；内部装有航空管制及作战指挥中心等系统。

“罗斯福”号航母无论在外形还是吨位上都比其前任“小鹰”级大了不少，舰载机数量也有所提升，最多可达90架（“小鹰”级是79架），因而具备强大的远洋海空作战能力。不仅打击力超强，而且其防护力也相当出色：全舰采用了装甲防护和多层隔舱防护结构，能有效地应对反舰导弹和鱼雷等的攻击；该舰的飞行甲板和舰体全部用优质高强度合金钢制成，舷侧某些部位的钢板厚度达65毫米，足以有效地抵御半穿甲弹的攻击。

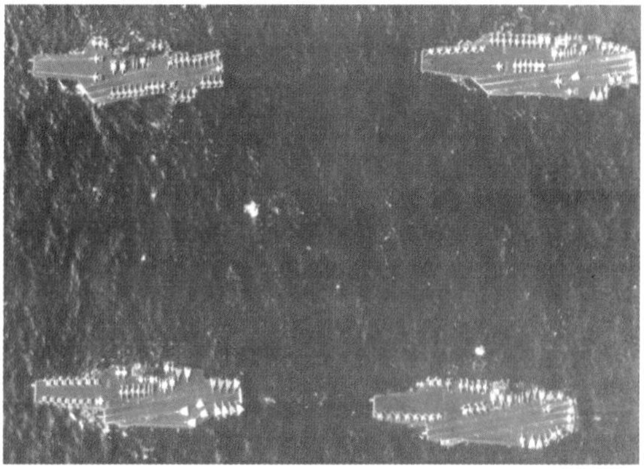

由卫星航拍的美国4艘航母俯视图，右上角为“尼米兹”级的“罗斯福”号；左上角为“中途岛”级的“中途岛”号；左下角为“福莱斯特”级的“突击者”号，右下角为“小鹰”级的“美国”号。这张照片很好地体现了4级不同航母的甲板布局

从1991年1月17日开始，代号为“沙漠风暴”的空袭行动正式拉开帷幕。此后，每天的空中攻击次数都达到上千次。各攻击机群使用了制导炸弹、集束炸弹、空气炸弹和巡航导弹等武器。作为报复，伊拉克于18日向以色列的联合国军营地发射了8枚“飞毛腿”导弹。

由于多国部队突袭的强度很大，很快多国部队就完全取得了制空权。开战前，美英等国曾向海湾周边国家借用陆地机场，作为执行“沙漠风暴”行动的主要基地，但是许多国家存有疑虑。所以，美国除了使用沙特阿拉伯为数有限的陆地机场外，更多的是动用英美停泊在波斯湾或红海，以及地中海的几艘航母上起飞的各式舰载机。

先期取得制空权后，多国部队的下一个突袭目标就是伊拉克的指挥和通信设施。在两伊战争中，萨达姆倚仗他对部队指挥的详细和缜密，使得战斗的主动性很大程度上把握在自己手里。但与美英联军作战，这种优势出现了180度的大逆转！在战争的第一个星期中，伊空军曾进行了几次主动出击，却战果极差，包括苏制米格–29在内的38架伊军战斗机，全被多国部队击落。

海湾战争期间，美国航母战斗群充分发挥出综合作战能力强的特点，担负了多种作战任务，为以美国为首的多国部队打赢这场战争做出了极大

“沙漠风暴”行动中停放在沙特阿拉伯待命进攻的美F-15战斗机

的贡献。首先，参与了对伊拉克的战略空袭和对陆上目标的战术轰炸；为了更有效地发挥空中力量的作用，美国将海、空、陆三军和多国的航空兵集中统一，调配使用。航母舰载机参加了所有阶段的空袭行动。整个海湾战争期间，舰载机共出动了2.3万架次，占多国部队飞机出动总架次的23%。

其次，积极参加歼灭伊拉克海上舰艇的行动。早在1月17日战争开始时，美国航母舰载机便率先对伊重要港口城市巴士拉发起攻击，轰炸的重点是海军指挥机构、机场；此后又将打击重点转为企图偷袭美舰的伊拉克舰艇。

1月24日这一天，伊拉克海军8艘战舰悄然出动，企图对美舰发动突袭。谁知这8艘伊舰艇还没有驶出多远，就被美军发现；美军立即升空10架A-6攻击机，对伊军舰艇搜寻攻击，很快就将其击沉。

第三，航母电子战飞机在夺取战场制电磁权方面战功卓著。

海湾战争中，美军航母编队中，共编有54架两种高性能电子战飞机，其中EA-6B“徘徊者”电子战飞机和E-2C“鹰眼”预警机各27架。开战第一天，即首轮突袭前5小时，美军就出动了数十架各型电子战飞机，对伊军几乎所有的指挥、通信和防空系统等实施密集、全面的电子干扰，顿时使伊军这些系统陷入瘫痪，从而达成空袭的突然性，大大地减少了人员的伤亡。

作为航母编队“空中指挥所”的E-2C预警机，主要承担警戒、指挥、引导和协调等任务。一般来说，它在战斗开始前1—1.5小时起飞；攻击开始后，E-2C及时转为空中指挥所，掌握全局，控制各种兵力参与或投入战斗的最佳时机，从而保证了各种兵力、兵器战斗行动的紧密衔接和有效打击。

美军A-6与A-7攻击机混编执行攻击任务。近处为一架A-6攻击机，远处4架均为A-7攻击机

在海湾战争中，美军航母战斗群除主要完成上述三项重点任务外，还担负着舰队防空、战役佯动等其他任务。作战期间，美国航母编队中通常辖属有一个航空联队，其内编有两个战斗机中队、3个攻击

机中队、1个预警机中队、1个电子战机中队、1个反潜直升机中队，以及1个运输机中队等兵力。

在经过38天的空中打击和100个小时的地面作战之后，伊拉克最终不得不宣布撤出科威特。固然，美国地面作战部队和海军陆战队战功卓著，为最终取胜奠定了有利的基础，但整个战争期间，多国部队始终以6个航母战斗群的规模逼压在伊拉克最前沿；而正是美国海军这6个航母战斗群，才最大限度地保持了空袭作战的稳定性及持续强大的作战威力。

2.9 伊拉克战争，航母再喋血

2001年9月11日上午，两架被恐怖分子劫持的民航客机分别撞向美国纽约世界贸易中心的一号楼和二号楼；两座建筑在遭到攻击后相继倒塌，

知识卡

核动力航空母舰

核动力航空母舰是以核反应堆为动力装置的航空母舰。与常规动力航母相比，核动力航母显示出诸多优越性：

一、核动力这一巨大的动力资源使航母具有更强的机动性。

核动力航母可以高速驶往世界任何海域。在最高航速上，核动力航母和常规动力航母难分伯仲，但在连续高速航行能力上，核动力航母却独占鳌头。

二、核动力使航母节省出大量空间和载重吨位。

一方面可以装载更多的航空燃油，以满足舰载机作战的需要；另一方面大大改善了舰员的居住和工作条件。

核动力航空母舰

三、核动力使航母减少了对基地和后勤支援的依赖。

核动力航母更换一次燃料可以连续航行50万海里，用不着海外基地的支援。而常规动力航母执行同样的任务，却需要事先在世界各地建立燃料补给网。

目前除美国外，只有法国拥有一艘核动力航空母舰。

美国“小鹰”号常规动力航母

世界贸易中心其余5座建筑物也受震而坍塌损毁。9时许，另一架被劫持的客机撞向位于华盛顿的美国国防部五角大楼，五角大楼局部结构损坏并坍塌。

在恐怖事件发生后第一时间内，部署于全球所有海域的美国航空母舰及其他舰艇都接到命令：进入最高等级的战备状态。这个情景再次印证了，当美国面临威胁或遭受袭击时，美国总统和广大民众的第一反应就是：“我们的航母在哪里？”

事实上，事件发生的当天，正当许多美国人还处于极度悲哀与无比愤怒中时，五角大楼立即做出反应，迅速派出航母“华盛顿”号和“肯尼迪”号赶赴纽约地区及美国东部海域，加入反恐战备值班；派出“斯坦尼斯”号和“星座”号航母为首的战斗群疾驰美国西部加利福尼亚海域，担负反恐战备值班。与此同时，原本打算回国的“企业”号核动力航母也急忙调转舰艏，高速赶回原值班巡弋的海湾地区，与当时已在该海域的“卡尔·文森”号航母，组成双航母编队，加大进驻中东地区的力度。

就连“小鹰”号常规动力航母也长途跋涉万里，从远在日本的横须贺母港起航，加速赶往巴基斯坦附近海域。不过，这回它可不是作为纯粹的攻击型航母，而是扮演着美国特种作战部队的平台，在其飞行甲板和机库内全都“塞满”了用于特种作战的各种各样的直升机；至于用来夺取制空权的 F/A-18“大黄蜂”战斗攻击机仅搭载了 8 架。

当年 10 月 7 日，“持久自由”作战行动开始，到 2002 年 3 月中旬，大规模作战行动结束，美军一共动用了 6 艘航母参战。整个战争期间，美国海军在阿拉伯海北部海域始终保持至少 2 个航母战斗群。

这几场局部战争中，批量航母战斗群的调动部署与运用，不仅是美国大规模的海上兵力调动部署的重要组成部分，而且更是其海上力量的核心关键部分。它向世人透露出这样一个信息：航空母舰是反恐行动的绝对主力，也是美国铲除“地头蛇”的有力工具。

即便在阿富汗战争期间，美国依然没有停止对伊拉克政权和军力的关注。小布什总统通过这几场局部战争，在持续不断地“磨砺”着航空母舰这些个利剑，随时准备用它再度挥向萨达姆的“头颅”！

2002 年“伊拉克危机”爆发，联合国通过第 1441 号决议，派遣武器检查团重返伊拉克，检查伊拉克可能拥有的大规模杀伤性武器。3 月 18 日，美国总统小布什再次发表慷慨激昂的电视讲话，核心就是一句话，“要求并没有在伊拉克境内发现任何大规模杀伤性武器的武器检查团立即撤离伊拉克”。这可是个不寻常的举动，预示着美国将要“拿这个他一直恨之入骨的对象开刀了”！

伊拉克当地时间 2003 年 3 月 20 日晨 5 时 34 分，蓄谋已久的这场“倒

美“尼米兹”级“杜鲁门”号航母，它是参加伊拉克战争的最新一艘美航母

萨”战争正式打响。早在战争的准备前期，美英联军就在伊拉克周边地区集结了30万兵力，作战舰艇70余艘，各型飞机1145架。美英联军的空中力量分别驻扎在伊拉克周边12个国家的18个基地内，以及周边海域的美英航母上。美国中央总部空军司令部前指设在沙特苏丹王子空军基地内，司令为莫里斯空军中将，负责统一指挥协调整个战区内的美英联军的所有空中力量的作战行动。

说老实话，美英联军海军此次调动运用的航母数量及其战术性能，丝毫不亚于当年海湾战争时动用的航母，此次一共动用了6个航母战斗群参战；其中，美国航母5艘，分别为“罗斯福”号、“杜鲁门”号、“小鹰”号、“星座”号和“林肯”号。英国航母1艘，为“皇家方舟”号。这6艘航母中，“罗斯福”号与“杜鲁门”号航母战斗群被布置在地中海，而

英国“皇家方舟”号轻型航母，是参加伊拉克战争的唯一一艘非美国航母；它还参加过 1991 年的海湾战争

其余 4 艘则布置在波斯湾和红海。不算英国的“皇家方舟”号，美军航母搭载了 380 余架各式舰载机。

当年，美英联军之所以要把部分航母部署在地中海和红海海域，的确是经过一番精心谋划的：它们希望能利用舰载机的突出性能，从西边和南边两个方向对伊拉克境内目标展开猛烈的空中打击！当然还有一个非常重要的原因，就是英美联军在伊拉克北部周边国家中的空军基地很少，部署的飞机数量也就很少；最靠近伊拉克北部的军用机场是土耳其南部的因吉尔利克空军基地。该基地所有飞机总数不超过 60 架，限于作战半径等原因，只有数量有限的飞机能够直接参与对地攻击。

而更令美国头疼的是，战争期间，土耳其始终没有同意美国使用其境内的基地，所以实际上并没有一架飞机能够从土耳其境内起飞参战。对伊

美国航母“星座”号。伊拉克战争是该舰参加的最后一次军事行动，2003 年底，“星座”号便退役封存

拉克北部目标进行轰炸所出动的攻击力量，只能借助由地中海上的“罗斯福”号与“杜鲁门”号上起飞的舰载机。

此外，部署在波斯湾的其余 3 艘美国航母在对伊拉克的空袭行动中，也起了很重要的作用。到开战后的第九天（即 3 月 28 日），停泊在波斯湾的 3 艘美国航母上的舰载机出动架次已经超过 1300 架次。即便在伊拉克出现沙尘暴的那几天，停泊在海湾地区的 5 艘美国航母仍然可以全部出动舰载机，对伊拉克的军事目标进行轰炸。航母舰载机在此次行动中扮演了举足轻重的角色。

与陆地军用机场相比，作为海上飞机起降平台的航母还拥有陆地机场所无法比拟的机动性；特别是，航母战斗群“打一枪换一个地方”的做法，足以使伊拉克军难以摸透空袭机群的来袭方向，以至于无法对美英航母进行定位，实施反击。

英国海军的“海鹞”式舰载战斗机也随“皇家方舟”号航母直接参与了对伊拉克境内目标的打击，但由于“皇家方舟”号属于轻型航母，舰载机数量很少（总共只有22架飞机，其中“海鹞”式仅16—18架），因此对空袭贡献不大。

美国参战航母中，有2艘是“小鹰”级常规动力航母“小鹰”号和“星座”号，其余3艘航母皆为“尼米兹”级核动力航母。“尼米兹”级核动力航母是当时世界上综合战斗力最强、防御能力也最突出的航母，至今为止已经服役了10艘。

美军部署在海湾地区的航母战斗群，还有很强的对空和对地攻击能力。据统计，这5艘美军航母上所搭载的舰载机构成为：根据实际作战需要可搭载20架F-14“雄猫”可变后掠翼战斗机，36架F/A-18A/B/C/D“大黄蜂”和F/A-18E/F“超级大黄蜂”战斗攻击机，4架EA-6B“徘徊者”电子战飞机，4架E-2C“鹰眼”舰载预警机，6架S-3B“北欧海盗”反潜加油机，以及6架SH-60F和HH-60H“海鹰”直升机。在美国派出的5艘航母的全部舰载机中，固定翼飞机均超过50架。

在代号为“自由伊拉克”行动的伊拉克战争中，美国海军航母舰载机和美国空军战机所组成的联合空中力量，参与实施完成了全部“斩首”任务、“震慑”行动、“切断蛇头”行动和支援地面作战行动等作战任务；连续对伊军军政首脑、指挥中枢、野战部队等目标进行了有效的打击，为联军占领巴格达，推翻萨达姆的统治立下了“汗马功劳”。

战后，美国国防部公布的资料表明，联军平均每天出动飞机1000架次左右，其中约有1/3为航母舰载机。

事实上，战争一开始，“斩首”行动就相伴而行。3月19日夜，美国的情报机构获得一条极其重要的信息：萨达姆及其重要官员将于当地时间凌晨5时左右，集中到首都巴格达南郊的一个军事指挥与控制中心——“多拉农场”召开会议，估计萨达姆在3个小时之内不会离开。

美国中情局局长特尼特立即向布什总统紧急建议：“立即打击伊拉克！”

布什也感到了整个事态的严重，他下令，“立即召集国家安全会议成员到白宫开会！”

在很短的时间内，切尼副总统、国务卿鲍威尔、国防部长拉姆斯菲尔德、国家安全顾问赖斯等白宫班子成员陆续赶到。

围绕着是否打，各方争论不休，尤其对于一些细节始终纠缠不休，但对于消灭萨达姆，倒是众口一词：“机不可失，时不再来！”

闭门会议几乎进行了三个小时，轮到布什总统归纳总结了。他似乎早已胸有成竹，仅仅说了两个字：“攻击！”

接到攻击指令后，美国海军迅速出动了两支航母战斗群中的“考本斯”号和“本克·希尔”号巡洋舰，“米留斯”号和“多纳·库克”号驱逐舰，以及“切耶纳”号和“蒙彼利埃”号核动力攻击型潜艇；它们准备就绪后就密集发射了40枚“战斧”式巡航导弹。

与此同时，由航母上起飞升空的3架EA-6B“徘徊者”电子战飞机，对两架从科威特起飞的F-117“夜鹰”隐身战斗机进行支援掩护；后者先后向目标投掷了4枚重达906千克的EGBU-27激光制导炸弹，准确地击中了目标。为了这次“斩首”，美军的确下了大“血本”，但由于情报不准，空袭行动无果而终。萨达姆又躲过了一劫！

见“斩首”行动未能奏效，美英联军又展开“震慑”行动。

被命名为“震慑”行动的大规模空袭，其规模是“史无前例”的。联军确定的轰炸地区是伊拉克的一些主要城市，包括巴格达、摩苏尔、基尔库克和提克里特等；采取连续24小时不间断的轮番轰炸。美英联军从周边国家几十个基地和5艘航母上密集发起了2000架次的攻击，以及多艘

一架正在起飞的美国海军 E-2C 预警机

战舰和核潜艇上发射的500多枚“战斧”式巡航导弹的轰击。统计数据表明，“震慑”行动的头天空袭规模，相当于海湾战争前7天空袭规模的总和。

在一般民众看来，航母舰载机在夺取制空权方面具有“得天独厚”的优势，其实它在对地火力支援方面同样也发挥着不可或缺的重要作用。通常，美英联军飞机所出动架次中，有2/3以上是用于对地火力支援的，而在战事激烈时，更是达到了80%。对于地面战争最为残酷的伊拉克北部战场，火力支援的责任就更大，这几乎都落在部署在地中海的2艘航母肩上。

此外，航母上的E-2C“鹰眼”预警机、EA-6B“徘徊者”电子战飞机、S-3B“北欧海盗”反潜机等舰载机，都发挥了各自特殊的作用。在战争的各阶段中，美军电子战飞机常常全程压制，伊军雷达始终无法开机，导致伊军指挥系统的混乱，从而为主要战役在三周内顺利结束，做出了不可磨灭的贡献。

伊拉克战争的结束方式，也与航空母舰有着“不解之缘”。5月1日，美国总统布什突然造访了停泊在美国加州圣地亚哥以西海域的“林肯”号航母，并在甲板上对全舰官兵发表了题目为“任务完成”的演说，他宣布全球美军在伊拉克战争中获得胜利。

不过，令小布什没想到的是：美国所取得的战争胜利，只是短暂的，而其后所带来的纠纷、威胁与持续战乱，使得美国为此付出了远比这场战争要多得多的代价！

第 3 章 “海上霸主”领风骚

3.1 比肩航母的大型两栖攻击舰

两栖作战由来已久，两栖舰船的概念也随之而生。

早在风帆战舰时代，就出现过由战列舰运送的两栖登陆部队作战的战例，但为两栖登陆部队配备专用的两栖攻击舰却比航母的出现要晚得多。

两栖攻击舰（也称为两栖突击舰）于二战后诞生；它是一种用来在敌方沿海地区进行两栖作战时，为己方提供空中与水面支援的军舰。这种战舰由直升机母舰发展而来，但是其中部分还结合了船坞登陆舰的坞舱设计，可装载各型登陆艇。

通常，两栖攻击舰自身配备有十分密集的防护武器，其护卫舰船的种类和数量远不及航空母舰。由于两栖攻击舰造价相对便宜，且无须配备性能优异的固定翼舰载战斗机等机种，因此备受许多中小国家青睐；对于这些国家来说，两栖攻击舰往往会成为其海上编队的旗舰。

1941 年日本“丙型特殊船”“秋津丸”号，外观类似二战时期的航母

很多人可能想不到，最早开发专门“登陆舰”的竟然是日本陆军。早在二战爆发之前，日本就开始研发一种“陆军特殊船”，包括最早建造、于 1934 年下水的“神州丸”号，以及后来的“丙型特殊船”。不过，这些早期的登陆舰只能在舰船的尾部放出登陆艇，还搭载数量有限的舰载机，能够为登陆部队提供一定的空中支援。

日本战败后，登陆舰这一舰种被“抹掉”了。然而，随着直升机在海军中的应用，人们开始重新认识这种特殊用途的舰艇在未来战争中存在的必要性。

第二次中东战争中，直升机被首次运用在两栖作战上，这引起了美国人的注意。20 世纪 60 年代后，美国海军出现了“垂直登陆”、“超视距登陆”和“均衡装载”等多种两栖作战新概念：这些概念的核心是利用直升机、气垫登陆艇等装备搭载人员和物资在对方雷达系统视距之外发起攻击。这种攻击方式，避免了两栖舰艇直接暴露在对方的火力之下，但是这样会导致两栖装备增多，并进一步导致编队舰艇数量的增加。所以，美军需要设计一款可同时操作直升机以及登陆艇进行两栖作战的新型两栖战舰艇，于是专门的大型两栖攻击舰诞生了。

1958 年，美军正式开始设计建造第一型“硫磺岛”级两栖攻击舰。三年后的 1961 年 8 月，该级首舰“硫磺岛”号正式服役。到 1970 年为止，“硫磺岛”级舰一共建造了 7 艘，并已于 90 年代中期全部退役。

“硫磺岛”级两栖攻击舰舰体长 180 米、舰体宽 26 米、吃水 8.2 米；飞行甲板全长 183.7 米、宽 31.7 米；标准排水量 11000 吨，满载排水量达到 18474 吨；它的航速较慢，最高仅 22 节。这样的大小尺寸和吨位，相当于二战时期的一艘轻型航母。

该级舰上设计搭载 25 架直升机或“海鹞”式垂直 / 短距起降战斗机。实际上，该舰由于甲板过短和没有滑跃设计，“海鹞”式战斗机多数情况

美军第一代“硫磺岛”级两栖攻击舰“仁川”号

下很难正常起飞，基本都是在甲板上进行垂直起降作业。一般情况下，“硫磺岛”级仅搭载4架“海鹞”式战斗机，其余均为直升机。

从外观设计上看，“硫磺岛”级与后继的“塔拉瓦”、“黄蜂”级相比还是有着明显不足的。第一，其飞行甲板前端呈明显圆弧形，这种设计对于固定翼式飞机起降是不方便的。由此可见，该级舰从设计初衷上并没有考虑起降固定翼飞机。第二，该舰的尾部没有现代两栖攻击舰普遍开设的大型舱门，以方便气垫船和其他两栖战车进出舰体，导致在实战中多有不便。

“硫磺岛”级的这些严重缺陷，也为其仅仅服役20余年便被淘汰埋下了伏笔。

继“硫磺岛”级之后，美军开始比较“用心”地设计两栖攻击舰的外形，并将其定义为“通用型两栖攻击舰”。“通用型两栖攻击舰”是一种更先进、更大型的登陆舰艇，功能比单纯意义上的“两栖攻击舰”更广。

实际上，“通用型两栖攻击舰”是集坞式登陆舰、两栖攻击舰和运输船于一体的大型综合性登陆战舰。它既有飞行甲板，又有坞室，还有货舱。以往，运送一个加强陆战营进行登陆作战，一般需要坞式登陆舰、两栖攻击舰和两栖运输船共同配合编队，总计大约5艘。

通用型两栖攻击舰具有“一舰多能”的功效，理论上只需一艘就可全部代替它们。为了验证这一功能，美国研发了一款新的名为“塔拉瓦”级“通用型两栖攻击舰”。

“塔拉瓦”级3号舰“贝洛林苑”号在回收登陆艇

第一级“通用型两栖攻击舰”的美誉应该给美国的“塔拉瓦”级舰，它在各个方面得到全面提升。该级舰长254米、宽40.2米、吃水7.9米；满载排水量比上一级“硫磺岛”级更是翻了一番，达到39967吨；这已经超过了世界上大部分航母的吨位。

事实上，在外形上“塔拉瓦”级也已十分类似二战时期的大型航母：采用贯通式长甲板、高干舷；甲板下为机库。甲板整体为长方形，舰艏略窄；两座127毫米舰炮位于甲板顶端两侧（现已拆除）。舰右设有一座较长侧岛式建筑。两部升降机分别位于左侧船舷后部及船尾部。

“塔拉瓦”级舰的主要特点是：首先，它充分提高了舰队的“灵活反应”能力。可相应地减少在役运输舰只的数量，并可节省燃油等费用。

其次，它自身的威力颇为强大。在登陆战中，除了改进和增强了自身攻防能力外，该舰还能出动直升机实施垂直包围、出动垂直/短距起降飞机，提供近距离空中支援和出动登陆车辆和登陆艇进行登陆攻击。

第三，该舰在必要时还能担当指挥舰的作用。由于该舰上指挥和控制设施较多（例如登陆特混舰队指挥官控制中心、登陆部队作战控制中心、战术空中协调中心和换乘控制中心等），并装有大量电子设备（如登陆战综合战术数据系统等），所以在登陆战中海陆空三军协同行动时，完全可担此重任。

第四，该级舰还可以承担护航任务。由于“塔拉瓦”级的火力较强，可提供一定的海上火力支援和近距离空中支援，因此该级舰与其他舰只一起，可担负登陆特混舰队的护航任务。

此外，它还能胜任后勤支援任务。在作战中，“塔拉瓦”级可作为医院船（船上医疗设施齐全）、支援船和水面维修船使用。由于航速较快（相比较其他两栖攻击舰，它算是快的）和备品充足，该级舰能迅速抵达受灾现场，及时提供医疗及衣食等必需品。舰上的电子设备，亦可为在舰上设立临时营救或撤退指挥所提供方便。

最令美海军及海军陆战队感到欣慰的是，“塔拉瓦”级居然可搭载多达45架各型直升机（19架“海种马”式和26架“海骑士”式）；需要时，还能混合搭载6架“海鹞”式垂直/短距起降战斗机。由此不难看出，其舰载机数量已远远超出欧洲制造的那些轻型航母。

航行中的“塔拉瓦”级2号舰“塞班”号，该舰已于2007年退役

倘若在该级舰上加装滑跃甲板，扩大飞行甲板和机库面积，“塔拉瓦”级完全俨然一艘中型航母。当然，对于美国海军来说，这种可以“比肩航母”的大型战舰，最终仍不可能也没必要“蜕变”成真正的航母。

1991年的海湾战争中，“塔拉瓦”级的首舰“塔拉瓦”号和4号舰“拿骚”号也出了“不小的风头”。在战争期间，这两艘航母的“小弟”表现突出，除了派出大量直升机为联军扫除登陆障碍外，还出动了数十架次的“海鹞”式战斗攻击机执行深入任务。可以说，它成了美国航母战斗群的地道“好帮手”。

有了“塔拉瓦”级两栖攻击舰后，美军并不满足，又装备了更为先进的“黄蜂”级乃至最近新服役的“美利坚”级两栖攻击舰。

可以说，美海军拥有的数量众多、性能优越的两栖攻击舰，无论在军事行动还是民用领域所扮演的角色和作用将越来越重要。

看着美国“大哥”的成功，欧洲小兄弟有点坐不住了！

近些年来，西欧各国越来越多地参与到研制大中型两栖攻击舰的行列中。

其实，在20世纪末至21世纪初，欧洲一些国家建造的轻型航母就具备一定两栖功用，其中最典型的是西班牙的“胡安·卡洛斯一世”号战略投送舰。“战略投送舰”是西班牙所创的新名词。实际上，该舰是融合了轻型航母和通用型两栖攻击舰功能的新式战舰。

2005年5月，“胡安·卡洛斯一世”号在费罗尔船厂开工，2009年9月建成下水，一年后服役。满载排水量仅2.75万吨的战舰，其造价竟然高达46.2亿欧元，超过预算约10亿欧元。

最初，西班牙海军是将“胡安·卡洛斯一世”号作为两栖登陆舰来使用；后来由于海军军费大幅度削减，特别是“阿里图亚斯亲王”号航空母舰于2013年初退役，“胡安·卡洛斯一世”号接任海军旗舰，并搭载由“阿里图亚斯亲王”号转移过来的AV-8S战斗机执行制海任务。

设计之初，该舰就安装了滑跃甲板，具有比纯粹两栖攻击舰更好的起飞垂直/短距起降战斗机的能力。所以，“胡安·卡洛斯一世”号更多地

停泊的“胡安·卡洛斯一世”号，该舰融合了两栖攻击舰的舰身和轻型航母的滑跃甲板

被认为是西班牙海军的“轻型航母”。有军事专家分析后认定，该舰综合作战能力远超英国“无敌”级轻型航母。

除了西班牙的“胡安·卡洛斯一世”号，法国最新的“西北风”级两栖攻击舰的性能也极为优秀；该舰在外形上十分类似“胡安·卡洛斯一世”号。

如今的法国海军已拥有“戴高乐”号航空母舰，因此它未将“西北风”级设计为类似于“胡安·卡洛斯一世”号那样的航母与两栖攻击舰的结合体，也没有装设滑跃甲板；该舰的主要舰载航空兵武器仍为直升机。

目前，海军强国或大国海军，对于两栖攻击舰的功能及其作用的认识都已达到一个全新的高度，各种设计与建造也已进入快车道。

法国海军“西北风”级两栖攻击舰的首舰“西北风”号

在不久的将来，大型两栖攻击舰甚至将比航空母舰担当更为复杂、更为艰巨的任务与角色。但是，海洋军事实践使各国海军清醒地认识到：两栖攻击舰的发展决不能“一枝独秀”，各种类型的两栖攻击舰应全面、协调发展，各种武器装备应配套建造；更重要的是，应与航空母舰实现有机协调配合。

也许美国海军两栖战舰的发展，能给我们一些有益的启示：美国现役大型两栖战舰约为35艘，其中两栖攻击舰、船坞登陆舰、船坞运输舰各占三分之一；如此均衡配套比例研发和建造大型两栖战舰，基本上能够保证美国海军海上军事行动的需要。

但是，其他国家究竟如何发展？恐怕还得根据本国国情，有选择地、有需求地建造与发展。

3.2 日本发展“准航母”之路

战后有人做过统计，日本自1922年拥有第一艘自行研制的“凤翔”号航空母舰起，到1945年战败为止，总共建造了25艘航空母舰；其中20艘在战时被击沉。

1945年之后，日本海军被迫解体，其所装备的残余航母和水上飞机母舰等统统被拆毁或引渡他国，就连其军队名称也不复存在。

1952年，日本成立了海上保安厅警备队；两年后被改编为“海上自卫队”。由于《和平宪法》（《日本国宪法》）的限制，要求日本“永远放弃以国权发动的战争、武力威胁或武力行使作为解决国际争端的手段”；同时要求日本“不保持陆海空军及其他战争力量，不承认国家的交战权”。也就是说，日本今后不得拥有航空母舰和核潜艇等进攻性武器装备，只能执行“专守防卫”的战略。

二战之后，作为日本“太上皇”的美国，对于日本海上力量的发展，是采取逐渐纵容同时又强调为美军在亚太前沿的行动服务的；日本海上保安厅警备队就是这样的产物。

明眼人都清楚，这支警备队最初是作为美国第七舰队的反潜和水雷战辅助部队“被创建出来”的。在配合美国海军利用大型航母搭载直升机，执行反潜任务的行动中，日本海上自卫队也对直升机航母实施反潜产生了浓厚的兴趣。

1954年，曾经担任战前日本海军军务局长的山本善雄海军少将在主持

Y委员会（负责海军重建指导）的一次会议上，最早提出，“应当组建一个‘对潜扫讨群’。”

当时，不少内阁成员纷纷表示同意。

于是，山本善雄等人认为时机已到，进而又提出“向美国租借 1—2 艘护航航母，先行编练 2—4 个‘扫讨群’”。

美国接到日本请求后，认真研究，并立即予以驳回。

迫于无奈，日本海上保安厅转而提出建造一艘“驱逐航空母舰”的设想，但在海上自卫队正式编成后被取消。

1959 年 8 月，日本防卫厅技术本部拿出了代号为“CVH”（直升机母舰）的方案。根据这个方案，该直升机母舰排水量 8000 吨，拥有 155×26.5 米的直通式飞行甲板，可搭载 19 架“海王”反潜直升机；如果当时同意建造的话，日本海上自卫队就将很快具备中远海行动的能力。

对于航母，日本人总是耿耿于怀的。1960 年，第一艘直升机母舰列入“二次防”（第二次防备力量整备计划，1962—1966 年）的讨论议程；该计划还打算于 1961 年开工，但是时任防卫厅防卫局长的海原治表示激烈反对。

这位防卫局长看得十分清楚，他强调：“美日同盟存在的最重要基础是日本对美国的军事依附，日本在战败不到 20 年的情况下，贸然装备航母必将引起美方的疑虑，进而影响整个国防计划。”

继而，他话锋一转，“海上自卫队不能因一己之私而置国家前途于不顾。”

在这位实权人物表态后，日本直升机母舰建造计划不得不刹车。

20 世纪 70 年代，日本海上自卫队在“三次防”（1967—1971 年）中，开始酝酿建立“八舰八机体制”的护卫队群，即在横须贺、舞鹤、佐世保三个基地各成立一个反潜特混大队；每个大队配备 8 艘驱逐舰，其中 2 艘

“海王”反潜直升机从 20 世纪 60 年代迄今，都在日本海上自卫队服役

为直升机驱逐舰，每舰搭载 3 架“海王”反潜直升机。

日本海上自卫队以搭载直升机为主要武器的“直升机驱逐舰”是整个编队的核心。1973 年，日军第一级正式研发的直升机驱逐舰“榛名”级服役。从总体上看，该级舰还是驱逐舰，但却为战后日本发展更大的舰载机平台寻找了一条出路。

在“四次防”（1972—1976 年）期间，日本海上自卫队进一步强调“强化舰队防空和航空反潜能力”的重要性，并计划建造一艘大型直升机母舰。这艘被称为“大型护卫舰”的母舰，排水量 8300 吨，可搭载 6 架反潜直

日第一级直升机驱逐舰首舰“榛名”号

升机。

不过，当时日本经济正因全球石油危机而陷入低谷，加上已升任国防会议事务局局长的海原治继续鼓吹韬光养晦的路线，“大型护卫舰”项目无果而终。

对于“美国主子”，海原治再了解不过了：它与其他国家发展和维持双边军事同盟时，依附方都必须为美国的利益服务；一旦表现出尾大不掉，要与主子平起平坐的倾向时，必然招致“杀身之祸”；而一旦日本被美国抛弃，它完全没有能力独自面对苏联的军事威胁。

至于航母项目，也属于政治上的红线，不能轻易触碰，否则左翼政党的攻讦将会铺天盖地而来。

当然，也有“不识相”的：1973年，日本防卫厅防卫局公然宣称：要装备航母和核潜艇。

不巧的是，这个方案竟被著名的“刺头议员”，社会党人大出俊搞到手，并在国会提出公开质询；而海上自卫舰队司令官北村谦一在发言时居然承认，“将来希望拥有攻击型航母”，结果酿成轰动一时的政治事件。最后，海上自卫队参谋长石田舍熊不得不公开谢罪，并与北村谦一一块儿提前下台。

1996年11月18日，一艘体型庞大的日本军舰在吴海军造船厂下水。这就是“大隅”级两栖攻击舰的首舰“大隅”号。日本海上自卫队采用“瞒天过海”的手法，有意将其归类为“运输舰”；该舰并不具有前开式战车

日本“大隅”号两栖攻击舰，该舰在船尾部设有舱门供战车出入

进出大门，也不能直接登陆岸滩，因此在功能上接近两栖攻击舰。

“大隅”级两栖攻击舰长 178 米，宽 25.8 米，吃水 6 米；标准排水量 8900 吨，满载排水量达到 14000 吨。

该舰设计之初，并没有进行周密的考虑。例如，没有考虑要搭载包括直升机在内的任何舰载机；表面甲板为贯通式，但中部舰岛却占据了较大空间，因此其舰桥旁边的甲板过窄而无法通过舰载机。由于是以“运输舰”为目的来建造的，因此“大隅”级的动力系统偏弱。其引擎为 2 具三井 16V42M-A 型柴油机，总输出功率仅为 27000 马力，因此其最高航速仅为 22 节，远远无法满足现代战争的需求。

如果临时需要充当直升机母舰的话，“大隅”级至多能勉强使用。该级舰的甲板上最多可以停放 8 架直升机；但由于没有机库和升降器，“大隅”级不能搭载更多的舰载直升机，因此该级舰的最大直升机搭载数量也就是 8 架。

也许“大隅”级的建造与服役，是为了“积累经验”，也为海上自卫队培养未来的航母人员。果不其然，在其服役后不到 10 年，日本第一艘直升机母舰服役，它就是 2007 年开始服役的“日向”级。

日本海上自卫队依然把它称为“直升机驱逐舰”。当然，地球人都明白这是日本人“掩人耳目”的做法。

实事求是地说，“日向”级舰完全有别于日本原先的“榛名”级与“白根”级直升机驱逐舰；后两者是“纯正”的驱逐舰，直升机只是搭载在舰艉并且拥有比普通驱逐舰大一些的机库罢了。而“日向”级的舰身构造极为接近配置有可供直升机起降的直升机母舰（或大型两栖攻击舰）；它拥有与他国直升机母舰乃至轻型航母非常接近的舰体构造、功能与吨位。

早在设计之初，“日向”级直升机母舰便已完全显现出与其前辈“大隅”级很大的区别：首先，该级舰充分参考并采用了当今世界上最先进的小型

航行中的“日向”号直升机母舰

航母或两栖攻击舰的设计布局。如果仔细观察，你会发现：该舰很多方面与意大利海军“加里波第”号（排水量1.385万吨）、英国海军“无敌”级（排水量2.6万吨）非常相似；而以上这两个级别都属于轻型航母。

其次，在尺寸上，“日向”级比其前辈“大隅”级要明显大了一圈。其全长197米，宽33米，吃水7米；标准排水量1.395万吨，满载排水量达到1.9万吨。与“大隅”级一样，“日向”级也是全通式甲板设计，但设有专门的直升机机库和升降机。

再次，“日向”级甲板面积比“大隅”级多出将近40%，其甲板上可同时进行3架直升机的起降作业。虽然外界对其全通式甲板是否能操作垂直起降型固定翼战

“日向”级“准航母”的直升机库

斗机（例如美国最新研制的F–35B）有着争议，但是海上自卫队目前的说法是“日向”级在设计时并没有考虑固定翼飞机的作业问题。

此外，至少目前“日向”级没有安装滑跃甲板或弹射装备等轻型航母的必需设备，因此充其量只能算是一艘直升机母舰。

不过，考虑到日本人一贯的“挂羊头卖狗肉”的做法（其在条约时代曾建造了一批超大型轻型巡洋舰，但在战时直接更换炮塔即升级为标准重型巡洋舰），还是有很多人称呼“日向”级为“准航母”。

目前，日本海上自卫队对“日向”级的任务定位是“直升机反潜”，同时装备了指挥管制系统在必要时作为舰队旗舰指挥之用。该级舰最多时可搭载18架直升机，具备较强的反潜能力。

2009年3月18日，“日向”级首舰“日向”号入役，顶替同一天退役的“榛名”号。“榛名”号原为日本海上自卫队第三护卫群旗舰；而“日向”号则成为第一护卫群的新旗舰。

“日向”级的2号舰比首舰进度约晚两年，其于2008年5月30日开工，2009年8月21日下水，命名为“伊势”号，并于2011年3月14日交付海上自卫队使用。“伊势”号顶替退役的“榛名”级2号舰“比睿”号成为第四护卫群旗舰。

2011年3月11日，日本福岛发生9.0级大地震并引发大海啸，于是“伊势”号服役后承担的第一个任务就是，立刻前往横须贺装载物资，投入救灾抢险工作。

值得一提的是，“日向”级直升机母舰是日本海上自卫队成立以来第一次恢复令制国国名的命名规则（“日向”和“伊势”是日本历史上的古国名）；而更使人警惕的是，“伊势”与“日向”是一战末期旧日本海军两艘“伊势”级战列舰的名字，这两艘战舰均参加了二战并在战争的最后阶段被炸沉。

日本在60余年后再度使用两艘旧日本海军在二战中被毁的战舰名字来命名两艘新舰，个中用心耐人寻味。

“日向”级直升机母舰仅建造了两艘，无法将同样老化的“白根”级直升机驱逐舰也替换掉，因此日海上自卫队在“日向”级服役后便开始研发更新一级的直升机母舰。“出云”级战舰就在这样的背景下诞生了。

最新的“出云”级直升机母舰（日本仍称其为“直升机驱逐舰”）尺寸又比“日向”级大幅提高：舰长248米，宽38米，吃水7.5米，满载排

停泊在横滨的处于最后舾装阶段的“出云”号，2015 年 3 月正式入役

水量达 2.7 万吨。

无论从哪方面来看，“出云”级直升机母舰不仅是日本在战后建造的最大军舰，而且其武器及战力也超过了与其结构布置相近的意大利轻型航母“加富尔”号和西班牙“胡安·卡洛斯一世”号战略投射舰。

“出云”级直升机母舰最多可搭载 28 架各型直升机，这比“日向”级又提升了 10 架。

当然，不少人士更关心的是它的“航母”功能。2013 年 7 月 14 日，有国外媒体报道指出，日本正在考虑在2020年引进并部署F-35B垂直/短距起降舰载机，将“日向”级和“出云”级升级为“纯正”的航母。

但在两天后的日本防卫省新闻发布会上，时任防卫大臣的小野寺五典否认了这一猜测。他回应道："这有违日本海上自卫队'专守防卫'的政策，我们并没考虑利用'出云'级进行战斗机的起降。"

但不管未来它是否会被改装成航母，至少它现在还只是"直升机驱逐舰"而已。看来，日本人的"航母之梦"似乎还有很长的路需要走下去，因此他们的"偷梁换柱"之举还将继续上演。

近年来，日本已经投入使用的"大隅"号舰多次参加两栖登陆演习，还多次与陆上自卫队的运输直升机进行了直升机联合登陆演习。目前，东亚地区的美军能够迅速投放的兵力约为一个陆战师，如果日本配合美军采取登陆行动，进行作战支援或直接参与作战时，4—6 艘"大隅"和"日向"两栖攻击舰就完全可以执行大规模的两栖突击任务。

正如美国的战略预测公司所说："颇具讽刺意味的是，如果日本重新成为地区性军事强国，这将给该地区带来更多的对抗，而不是减少对抗。"

更重要的是，这家公司还道出了令人担忧的"天机"："随着日本越来越多地参与到国际安全事务并组建起一支更咄咄逼人的海军，美国可能也会同日本在彼此对立的安全利益上发生冲突。"

尽管美国百般不愿意，但最终恐怕不能避免！

3.3 老残的俄"库兹涅佐夫"号航母

苏联 / 俄罗斯航空母舰的发展之路实属艰难。有人认为：它所设计和建造的前两级航母都遭遇了"滑铁卢"：其第一级"莫斯科"级航母，实际只是一艘能搭载多架直升机的"大型反潜巡洋舰"；而"莫斯科"级的继任者"基辅"级航母，虽然改善了飞行甲板，也能起降"雅克 -38"垂直 / 短距起降的固定翼飞机，但在实际使用中，由于甲板长度过短及垂直起降中飞机喷口高温对甲板的烧灼损害，使之也很快降格为只能搭载直升机的“直升机母舰”。

历经两次失败的苏联人，开始重新审视航母在现代化战争中的作用，以及建造能以舰载机为主要武器的这种大型水面舰艇的可行性，逐渐认识到“没有制空权就没有制海权”。不过，当时的苏联尚未掌握舰载机的弹射起飞技术，因此列宁格勒（今彼得格勒）涅瓦设计局的设计师们做出了一项奇特而有创新的设计：建造一艘搭载大型固定翼舰载机，并采用滑跃起飞、拦阻降落方式的“库兹涅佐夫海军元帅”级航母，共建造两艘。

一口吃成个胖子！这用来形容当时苏联航母设计师

航行中的“库兹涅佐夫海军元帅”级航母首制舰“库兹涅佐夫”号

知识卡

滑跃式起飞

滑跃式起飞是舰载机的一种起飞方式。是让飞机从12° 左右的滑跃式甲板起飞。这需要飞机发动机具有很强的推动力，在短时间、短距离内推动飞机达到起飞速度。

滑跃式起飞

的真实想法，恐怕再贴切不过了。

早在设计之初，苏联就急欲建造一艘满载排水量达 7.5—9 万吨级的核动力航空母舰；其理论指标与美国装设有蒸汽弹射器的航空母舰颇为相似。苏联人还给它起了一个名字——“奥廖尔”级。然而，由于资金和技术的缺乏，加之与战略需求脱节，苏联海军最终被迫降低标准。

“库兹涅佐夫海军元帅”级航母的船体设计，在很大程度上参照了其前辈“基辅”级。权衡结果，最后设计定型的航母满载排水量为 6.5 万吨级，采用放弃装设蒸汽弹射器而采用滑跃式甲板的折中方案。

凭借固定翼战机优异的性能，并依靠本身的引擎动力，加速滑跑冲上跃板，急速升空。这种设计比起采用平面弹射器的航空母舰，所需要的操作人员少；但飞机完全依靠自身引擎动力，要在较短的甲板上达到足够的离舰速度，增加了对舰载机设计的难度。

当然，这种设计对舰载机起飞的重量亦有所限制，较难实现在“满油满弹”情况下的升空，明显降低了单机的作战效能，而这一点在实战中恰恰是最为致命的。尽管如此，“库兹涅佐夫海军元帅”级航母仍在实用性上比“基辅”级航母要强得多。

“库兹涅佐夫海军元帅”级航母的标准排水量为55200吨，满载达67500吨。从该舰的吨位来看，约等于美国“小鹰”级的三分之二。其飞行甲板为全贯通并带有斜角滑行跑道的典型“美式”布局，甲板上除了舰桥外再无其他对于航母来说属于“多余累赘”的舰载导弹等系统。

如果看尺寸，“库兹涅佐夫海军元帅”级航母的飞行甲板全长305米，全宽72米，与美国最后一级常规动力“小鹰”级航母的各项指标差距已经不是太大了。

1985年，“库兹涅佐夫”号正式开工建造。在苏联造船史上，该舰的建造时间的确罕见的“长”，总共历时5年才最终建成服役。这一方面是苏联人建造大型航

首次试航中的“库兹涅佐夫”号

母的经验严重不足，另一方面是当时苏联国内政局不稳所致。

1990年12月25日，“库兹涅佐夫”号总算加入苏联海军现役。有趣的是，整整一年后的这一天，苏联正式宣布解体；该舰仅为苏联海军服役了一年时间。

漫长复杂的发展之路注定了该舰在未来“坎坷的命运”。

“库兹涅佐夫”号采用常规动力推进：总共装有8个蒸汽锅炉，总功率达到20万匹马力；设计的最高航速为32节。采用20节航速时，其续航力为3833海里；如果保持在18节则可达到7397海里。舰上一共有1960名舰员、626名飞行员和40名舰载机引导员。

“库兹涅佐夫”号航母上的雷达设备总计17座，较为复杂，包括：4座MR-360“十字剑”火控雷达；8座3P37“热闪”火控雷达侦搜系统；1座“天空哨兵”相控阵雷达；1座MR-710“顶板”三坐标对空/对海雷达；2座MR-320M“双支撑”对海雷达；1座“蛋糕台”战术空中导航雷达。

“库兹涅佐夫”号航母甲板似乎整洁许多，不再有堆放“凌乱”的各式导弹发射装置，但若仔细观察，你会发现：它的自身防御武器仍是同级别航母中最强的：舰上配备了8座AK-630防空炮、8座CADS-N-1近程防御系统、12座P-700“花岗岩”反舰导弹发射井、18座8管3K95防空导弹以及2座RBU-12000反潜火箭发射装置。

无怪乎有不少军事专家这样评价：“库兹涅佐夫”号作为一艘纯粹的航母，仍具备了反舰、反潜和防空的全部能力；但为此付出的代价也是巨大的，导致舰载机数量下降。体积如此庞大的“库兹涅佐夫”号航母上仅搭载40架舰载机（极限时也不过60架）；显然过多的舰载武器影响了机库大小，从而不得不减少舰载机的数量。

“库兹涅佐夫”号航母的主力舰载机型有：18架当时苏联海军的苏-33K重型舰载战斗机，也可以搭载一些后来改进的米格-29K型舰载

一架停放在"库兹涅佐夫"号甲板上的苏 –33k 重型舰载战斗机

战斗机。此外，舰上还搭载有 22 架各式直升机，其中大部分为反潜直升机。

苏联人的创新精神还是相当强的。为了具有更远的探测预警能力，苏联海军曾尝试在该航母上起降固定翼预警机。

1995 年的一天，俄罗斯海军在"库兹涅佐夫"号航空母舰上进行了一架奇特飞机的起降试验。这架名为"安 –74"的奇特飞机的机背上，装设有一个蘑菇状的雷达大圆盘；试验结果相当成功，但紧接着俄罗斯停止了相关试验。

这种状况，实在令人有点"丈二和尚摸不着头脑"。过了很长时间以后才搞清楚，原来主要卡在经费问题上。

就这样，原本非常有希望在“库兹涅佐夫”号航空母舰上成功运用的固定翼舰载预警机，栽在了经费问题上。

鉴于苏-33K重型舰载战斗机无法在满载的情况下起飞，这无疑让人对“库兹涅佐夫”号航母的战斗力打上一个大大的问号。

从外观上看，“库兹涅佐夫”号航母已经相当接近纯正的“美式航母”，但苏联人对其的定位仍与美国海军不同。

应该说，两者最主要的区别是：早在建造之初，苏联人称“库兹涅佐夫”号为“重型航空巡洋舰”；而其

苏联空军装备的安-71式预警机。原本预计搭载“库兹涅佐夫”号航母上的安-74式舰载预警机便是由该机改进而来的

主要作战使命是在岸基航空兵作战半径以外的海域，执行反潜、反舰特别是制空和防空作战；扩大海上防御范围，确保战略潜艇安全；支援战略导弹潜艇及水面舰艇，并且搭载一些舰载机，让其独立巡弋于地中海和黑海之间的达达尼尔海峡和博斯普鲁斯海峡，消灭敌方海上和基地的海军兵力；保证国家在海外的利益。

实际上，“库兹涅佐夫”号航母并没有像美军那样完备的航母战斗群作战理念，这主要表现为该舰在建造之初便将各种武器、各种功能都集于一身，这便是与美国航母本质的区别。例如，目前仍在俄罗斯海军服役的“库兹涅佐夫”号航母仍装备有 12 枚“花岗岩”远程反舰导弹和诸多重型武器；从携带的武器数量和类型来看，该舰依然具备导弹巡洋舰的角色。

近些年来，俄方多次声称，要将这些“累赘武器”从舰上取消，但至少到目前为止仍未实现。看来，在短期内该舰的角色不会得到根本改变。

苏联人对航母作用及其主要武器的错误认识，意味着他们今后在航母发展道路上仍将继续走弯路。

1991 年“库兹涅佐夫”号被俄罗斯海军接管后，服役于北方舰队。由于处于政权交替和经济下滑等多重困难中，这艘庞大的航母因严重缺乏经费而保养不当、故障不断。

作为俄罗斯海军当下唯一的现役航母，“库兹涅佐夫”号航母留给世人的唯一印象就是：“一直在维修，一出航就坏！”

为此，不少国外军方人士调侃道，“库兹涅佐夫”号航母服役后就常年“在家休养”，一出海就“犯病”；它最大也是唯一的作用就是向世人宣称：“俄罗斯拥有航母。”

即便如此，俄罗斯目前依然没有经济实力来研制和建造新型航母，所以不得不让“重病缠身”的“库兹涅佐夫”号仍旧延续着自己的生命。

事实上，俄罗斯军方也曾考虑过将这艘“基本没有实战能力”的航母出售，但最终还是没有下得了决心；因为如果出售，那就意味着俄罗斯至少在现阶段不再拥有航母，这是俄罗斯最纠结的。

2011 年 11 月，俄罗斯军方曾派出“库兹涅佐夫”号航母出航到叙利亚，美国海军也派出了“尼米兹”级核动力航母中最新一艘“布什”号尾随至叙利亚。这是美国与俄罗斯冷战后首次大规模的军事对峙，也是“库兹涅佐夫”号执行的最远的一次航行任务。

时至今日，虽然俄罗斯已经开始对海军进行大规模的换装；新建航母也被提上了日程并开始筹集资金和进行前期设计。当然，俄海军总司令奇尔科夫所宣布的新航母还是非常具有诱惑力的：这艘航母将能够携带 100 架飞机，比美国现役的“尼米兹”级航母所携带的舰载机还要多出数十架（暂不论俄海军舰载机的战术性能是否比美国现役 F/A-18E/F，或将来的 F-35C 舰载机强）；仅就数量而言，俄航母就比美国航母占优，至少在与后者的叫板中也具备某些“口头”上决胜的资本，在宣传上俄航母的块头和舰载机数量

在雨中航行的“库兹涅佐夫”号航母

等也要比美国大和多，唯此俄可通过数量的优势来弥补其他质量的差距。

但是，俄海军总司令维克托·奇尔科夫也对新航母的服役期并不看好；他曾明确表示，新的航母最早也要在2020年才能开始建造。

由此看来，在新航母服役前，继续坚守岗位的“库兹涅佐夫”号仍将是未来几年俄罗斯海军唯一的航母。这从一个侧面也折射出，当今俄罗斯海军“斜阳落日”的悲凉景象。

3.4“福莱斯特”，为喷气式战机而生

二战期间，航空母舰异军突起，替代大型战列舰，一举成为名副其实的新“海上霸主”；与此同时，作为航母的“称雄之本”——舰载机，也不仅改变了传统海战的面貌，而且还不断更新着海战的样式。

众所周知，航母与舰载机是一对完美结合的整体，但是一般航母服役期大约是四五十年，而舰载机则要短得多，也就是一二十年。也就是说，一级航母在其一生中，至少要经历几种新型号舰载机与之配伍。

时间回溯至1943年，当时还只拥有老式航母的美国海军，就超前要求麦克唐纳公司尽快研发一种新型的舰载喷气式飞机。

毋庸置疑，喷气式飞机相对于老式活塞式飞机，有着更快的速度、更优异的加速性和更强大的空战能力。

1947年7月21日，美国海军第一款专门设计的舰载喷气式战斗机FH-1“鬼怪”型战斗机的原型机XFD-1型战斗机，首次在“罗斯福”号航空母舰上成功起降。

随后，美国海军航空局对新航母设计提出要求：“必须配属喷气式战斗机！”。而美国第一艘超级航母“合众国”号，由于造价过于昂贵，且

其后海空军之间的军种竞争日益白热化，导致“合众国”号在铺设了龙骨9天后被国会正式取消。这样，原本应配属其上的喷气式战斗机也就此夭折。

1950年，美国航空母舰再度遭遇“滑铁卢”：由于战后裁军风潮的影响，航母数量骤减为15艘，而其中大型舰队航母仅有7艘。如此数量的确让美国这个“全球警察”在世界各大海域活动时倍感捉襟见肘。美国海军要求增建航母的呼声持续不断，时任美国国防部长的约翰逊尽管内心不愿意，但最终还是勉强同意海军于1952年再开工建造一艘新的大型航母。

虽然有了这么一个难得的机会，但美国海军的心中还是很不爽：他们需要的不仅只是建造一艘“中途岛”

美国超级航母计划“合众国”号的假想图。该项目最终下马

摄于 1952 年的“福莱斯特”级超级航母最初设计模型

级放大版的航母，而是急需一艘可以搭载大型喷气式飞机的全新超级航母。

但有总比没有好！新造航母应起个什么名字呢？

忽然，有人提议：“不如叫‘福莱斯特’号！他生前为航空母舰的申请和建造，没少费心。”的确，福莱斯特于 1944 年 5 月 19 日至 1947 年 9 月 17 日，担任过美国海军部长，为最后一任内阁级海军部长。1947 年 9 月 17 日至 1949 年 3 月 28 日，担任美国首任国防部长。

很多海军高级将领竭力赞同。不过，他的死因迄今都是一个谜，有过多种猜测与解释。其中一种说法是，他曾因“海军上将造反事件”而自杀。总之，后来大多数高级将领同意将新航母命名为“福莱斯特”号。

尽管有了航母这个坚实的基础，但要想将喷气式飞机搭载上舰可不是那么简单。

在当时，喷气式飞机绝对是一个新生事物。这种飞机的滑跑起飞，主要依靠喷气发动机的燃料燃烧时产生的气体向后高速喷射的反冲作用，使飞机加速向前飞行；喷气发动机可使飞机获得更大的推力，也飞得更快。但与此同时，喷气式飞机的滑跑距离较长，在没有弹射器的帮助下，一般长度的飞行甲板很难满足喷气式战斗机的自主滑跑起飞。

还有一点不可忽略的是，相对于活塞式飞机来说，喷气式舰载机的重量在不断加大，离地速度要求也越来越高；这也需要弹射器的功率越来越大；很显然，二战时所使用的液压式弹射器已经完全满足不了喷气式飞机的舰上起飞要求。

喷气式飞机降落时，也产生了新的问题：它的进场速度要远高于活塞式飞机，这无疑大大增加了降落的难度；它的操作难度也要高于活塞式飞机，使得飞行员在降落的时候所承受的压力也会越来越大。因此，要在航母上配备能帮助飞行员降落的助降系统，才可以大大提升降落的安全性。

还有一个十分突出的问题，即喷气式飞机的耗油量十分巨大，远远超过活塞式飞机。一个非常典型的例子就是，FH1“鬼怪”式喷气机的载油量几乎是 F8F“熊猫”活塞式舰载机的两倍，但是其滞空时间只有后者的 70%。

为了彻底弄清航母舰载机的真正耗油量，美国海军专门动用了“中途岛”级航母，通过动用舰上搭载的 F2H“女妖”式战斗机执行 340 架次的飞行任务后（每次 2.3 小时），准确地消耗掉舰上 95% 的燃油；而对于美国海军来说，当时要执行 340 架次攻击任务差不多需要 4 天。也就是说，每隔不到 4 天航母就得接受航空油料的补给，否则其舰载喷气式飞机将因为无油可用而无法执行作战任务。

为此，美国海军舰船局要求设计新航母时所搭载的航空燃料应是“中途岛”级的 3 倍，为 75 万加仑。

知识卡

加仑

加仑是一种容(体)积单位，英文全称 gallon，简写为 gal，分英制加仑和美制加仑两种。根据中国国家标准 GB3102.1-1993，换算关系如下：

1 加仑（美）= 3.785412 升；1 加仑（英）= 4.546092 升

俗话说“饭要一口一口吃”。为了保证喷气式舰载机能够顺利弹射升空，美国海军首先确定一个原则：必须使用弹射器！

最初，美国试验了一种以火药作为能量直接带动弹射梭弹射飞机的方案；不过这种方案的可靠性始终无法解决。

就在美国人一筹莫展时，大洋彼岸却传来一个令人兴奋的消息：英国人在蒸汽弹射方面取得了重大突破。这一下，美国海军可坐不住了。在美海军的一再“盛情邀请”下，英国海军改装的“英仙座”号航母来到美国，进行一场最直观的蒸汽弹射演示。在演示中，聪明的美国人对这部机器产生了兴趣。

二战末期美国研制的“中途岛”级航母。后来该级航母也改成装有斜角甲板

知识卡

斜角甲板

斜角甲板又叫斜、直两段式甲板，位于飞机甲板的左侧，与舰艇艏艉中心线呈 6 ~ 13 度夹角。有了这角度，飞机降落就可与停驻的飞机和起飞作业区分流，同时还可实现弹射和回收作业同时进行。此外，斜角甲板的设计还可使降落区免遭左舷前端从喷气火焰挡板引出的热气流，从而降低空气紊流的干扰。通常，斜角甲板上只装有供飞机降落用的拦阻索。然而，极少数航空母舰的斜角甲板上也装有一两座弹射器，其目的在于在没有飞机降落时供飞机起飞之用。

有了斜角甲板，航空母舰表面在斜、直两种甲板的分割下，巧妙地将飞机起飞跑道、降落跑道、停机区、起降机、弹射器、拦阻装置、指挥塔有序地安排下来。这样，不仅飞机起飞、降落互不干扰，而且飞机降落时也不易相互碰撞。

斜角甲板

演示刚一结束，美国海军大西洋舰队航空部队司令约翰·巴伦坦中将，立即面见海军部长，“建议直接购买这种弹射器！”

“真那么有效吗？”美国海军部长多少有些犹豫。

“要比火药弹射器强得多！”巴伦坦中将胸有成竹。

“好吧，加紧试验，成功后再加以改进仿制。”海军部长思路非常清晰。

不久，美国海军就直接从英国购买了 5 部英方代号为 BSX-1 的蒸汽弹射器，并且将其改称为 C-11 型弹射器，安装在两艘老式的“埃塞克斯”级航母上进行试验。

在进行了大量的试验后，美国海军自行设计制造了一种性能更为优越的 C-7 型弹射器，并将其安装在新设计建造的航母上。

在初期的设计中，为了避免起飞和降落的舰载机产生冲突，航母采用了独特的升降舰岛的设计；同时将飞行甲板从左至右划分为 3 个区域，中间为降落区，其两侧的起飞区则安放弹射器进行飞机起飞操作。在降落区，则设置了 14 道拦阻索和 2 道拦阻网。在助降方面，还专门设置一个平台以进行人工助降。

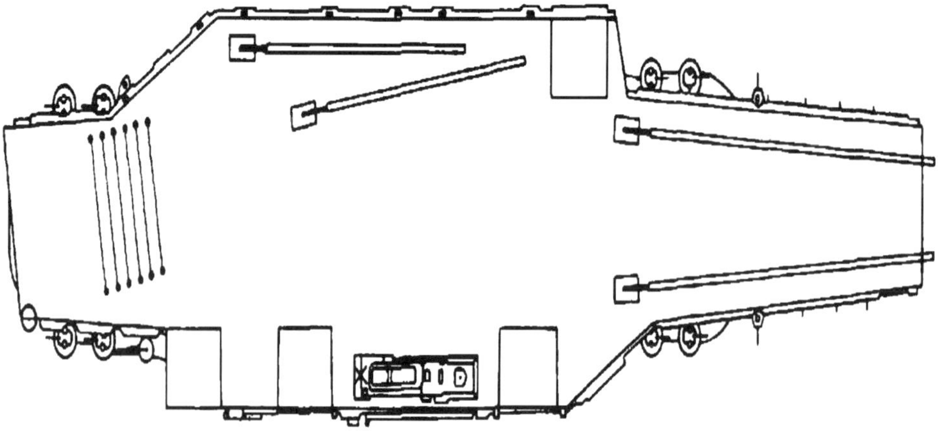

“福莱斯特”级航母的斜角甲板和 4 具蒸汽弹射器的位置

对于这样的设计，效能究竟如何？美国海军并不清楚。不过，从“理论上”讲，在当时这恐怕是最好的方案了。当然，最理想的方案是从英国引进斜角甲板之后才得以真正解决。

相对于弹射器方案的一波三折，美国海军在对喷气式舰载机的燃料问题的解决上则顺利得多。

二战时期，美国海军活塞式舰载机使用的是航空汽油。这种航空汽油存在着易挥发且容易爆炸的弊端。要克服它，只有“另起炉灶，改弦更张”。从 1950 年开始，美国海军潜心研究一种航空用重油，即后来的 JP-5 型航空煤油；相对于航空汽油，新的航空煤油不易挥发，可以随意存放。于是，航空燃料就可像舰用燃料一样，储存在舰侧面的防鱼雷隔舱内，并且其装载量达到了空前的 75 万加仑，是“中途岛”级航母的 3 倍多。

在研制新型航空煤油时，有人出了个高招：何不将舰用锅炉也改为使用这种航空煤油；而且现役锅炉不需“大动干戈”，只要小小改进。

这一下，美国海军高层各个喜出望外：由于花钱不多，只需对航母用锅炉进行简单修改，就可使其使用 JP-5 型航空煤油作为燃料；这样不仅可以大幅提高航母的任务弹性，而且可以根据任务需求在航母续航能力和舰载机任务持续力方面做出取舍。

1952 年 7 月，“福莱斯特”级航母首舰安放龙骨；同年 12 月，第二艘“萨拉托加”号也开工建造。也许是老天对其格外眷顾，在两艘航母开工之时，美国海军从英国引入了斜角甲板设计。有了这种斜角甲板，喷气式舰载机在降落的时候，就不需要担心如果降落失败会撞上甲板上别的飞机；也不用暂停弹射起飞为降落的飞机空出跑道。这种巧妙的设计，将航母上的降落区和起飞区完全分开，可以有效地避免飞行甲板陷入混乱。“福莱斯特”级及后续航母迅速吸收采纳了这一设计。

1953 年 1 月，海军舰船局要求在第 3 艘航母上安装斜甲板，而时任海军作战部长的费科特勒立即决定：建造工厂暂时停工，同时要求设计单位加紧修改设计。

很快，一份新的设计方案摆到了费科特勒部长的案

1956 年停泊在美军布鲁克林船坞的“萨拉托加”号

头，这份设计方案要求：增加斜甲板和固定式舰岛。

费科特勒上将仔仔细细地研究了这一份方案，并在新修改的设计方案上签了字。

这年 10 月，建造方终于收到了最终确定的新设计方案：增加一条斜角为 10.5 度的斜角甲板，同时将舰艏的弹射器向前挪了 6 米，为降落区腾出足够的空间；原设计中的拦阻索和拦阻网全部取消，改为安放在斜甲板上，其数量也由原来的 14 根拦阻索减为 5 根；原方案中的舰艉升降机和左舷后部的 2 部升降机改放在舰岛后部。同时，将升降式舰岛改为大型固定式舰岛，安放在航母的

“福莱斯特”级最后一艘“独立”号，该舰一直服役到 1998 年

右舷位置，解决原来无法安置电子设备的问题。

脱胎换骨后的“福莱斯特”级航母的作战能力成倍提升，其航空燃料载量更是超过了原先设计的一倍，达到了154万加仑。

1953年10月，停工近1年的“福莱斯特”号重新开工建造，1955年9月，“福莱斯特”号航母服役。

新服役的“福莱斯特”号搭载了A3D“空中战士”舰载轰炸机前往东大西洋开始实战部署。A3D“空中战士”舰载机的最大起飞重量达到了37吨，它的服役让美国海军拥有了独立的核打击能力。

“福莱斯特”级航空母舰一共建造了4艘，分别是“福莱斯特”号、“萨拉托加”号、“突击者”号和“独立”号。这4艘航母的模样、配置相差无几，只是后两艘航母更换了功率更大的锅炉；而且，后两艘航母所安放的弹射器比前两艘的弹射器导轨增加了10米。

在“福莱斯特”级服役以后，美国海军终于有了第一款喷气式飞机专用的超级航母。后来在“福莱斯特”级的基础上，美国海军又设计建造了“小鹰”级航空母舰。

从某种意义上说，“福莱斯特”级航空母舰是二战时期平甲板型航母和现代核动力航空母舰之间的关键纽带，在世界航母发展史上起到了承前启后的重要作用。

3.5 威风八面的“尼米兹”级核动力航母

1972年5月13日，美国总统尼克松亲自赶往纽波特纽斯——美国最大的造船厂，为一艘巨舰举行盛大的下水仪式。这艘巨舰就是美国海军最新一级的航母，“尼米兹”级核动力航母的首舰“尼米兹”号。

当彩绳被剪断、巨舰缓缓滑下水去时，人群中顿时响起热烈掌声。人们为之鼓掌、为之欢呼，因为这预示着一个时代的到来，一个航母核时代的全面来临。

二战结束后，美国政府更加认识到：航空母舰对于美国国家地位、实力乃至海洋利益，有着至关重要的影响，因此更加重视航空母舰的发展；而将核动力装置搬上航母则是将其推向更高顶峰的举措。

早在20世纪60年代初期，“山姆大叔”便率先斥巨资，建造出世界上第一艘核动力航母“企业”号。但当时，“企业”号仅仅是作为对航母核动力的尝试而并未进行量产，真正进行量化生产并装备部队的是晚于其13年多服役的“尼米兹”级核动力航母。

美国海军五星上将尼米兹的油画像

从1975至2008年，美国几乎毫无停歇地接连建造服役了10艘“尼米兹”级核动力航母；时至今日，这些航母依然是当今世界上最先进、最强大同时也是最昂贵的“海上巨无霸”。

“尼米兹”级核动力航母的命名，是为了纪念二战中美军最著名的海军将领切斯特·威廉·尼米兹。尼米兹在珍珠港事件后接替金梅尔（日本偷袭珍珠港时的美太平洋舰队司令）成为太平洋舰队司令，随后在对日作战中因其高超的决策和果敢的意志而为美军立下卓越功勋。战后，尼米兹升任海军作战部部长，官至五星上将，直至1947年退役。1966年，尼米兹去世。为了纪念这位海军功臣，美国海军部决定用他的名字来命名即将建造的最新锐核动力航母。

20世纪70年代，二战末期建造的大批航母，比如“埃塞克斯”级和“中途岛”级相继退役，在新型的“小鹰”级、“福莱斯特”级和“企业”级数量不足的情况下，“尼米兹”级航母的设计、建造被摆上议事日程。

在设计上，“尼米兹”级航母参考了“企业”号航母，吨位由9万吨级增至破纪录的10万吨级；动力装置也由A2W改进为A4W，性能明显增强；但是该级航母的长度相比“企业”号，反而有所缩短。

如果仅从外表看，“尼米兹”级核动力航母相比“企业”号变化不大，但其内部发生了翻天覆地的巨大变化：即由“企业”号核动力航母所使用的8个压水堆减少为两个高效能压水堆；此举，使得“尼米兹”级的内部空间得到了最大化利用。

与常规动力的“福莱斯特”级航母相比，“尼米兹”级核动力航母可以多携带90%的航空燃料和50%的舰载机武器弹药；这样它的整体作战能力就得到了较大的提升。

当然，“尼米兹”级核动力航母的最大进步，还在于用核能代替了普通能源。“尼米兹”级的核反应堆的核原料一次可使航母连续运行20—25年。1998年，“尼米兹”号成为美国第一艘在服役多年后返厂添加推进用核原料的航母，整个维护过程一共用了33个月。

“尼米兹”级核动力航母的全部10艘均由纽波特纽斯造船厂建造。该造船厂有全世界最大的干船坞12个，每个船坞都有662米长，足以建造这些300多米长的庞然大物。

无疑，“尼米兹”级航母当属世界上最昂贵的武器，每艘航母的平均造价达45亿美金，而最后一艘“布什”号竟高达62亿美元。

1968 年美军舰船设计局绘制的“尼米兹”级超级核动力航母图

“尼米兹”级航母水线长 317 米，飞行甲板全长 332.8 米，比起世界最长的战舰——“企业”号大约短了 10 米；水线宽 40.8 米，飞行甲板全宽 76.8 米；吃水深 11.3 米，最大吃水被限制在 12.5 米以内；最大航速超过 30 节。

武器多样化是“尼米兹”级核动力航母的又一特点：舰上拥有 16—24 枚 RIM-7“海麻雀”或“北约海麻雀”防空导弹；3—4 座“密集阵”近程防御武器系统；这些武器都是用于自卫的。

“尼米兹”级航母最主要的“撒手锏”是 70—80 架各式飞机或直升机。执行一般任务时，通常舰载机搭载为：12—14 架 F/A-18E/F“超级大黄蜂”战斗机；30—36 架 F/A-18C/D“大黄蜂”战斗 / 攻击机；4—6 架 EA-6B“徘徊者”电子战飞机；4—6 架 E-2C“鹰眼”预警机；6—8 架 SH-60F 和 HH-60H“海鹰”反潜直升机。

通常，“尼米兹”级的飞行甲板有一个极小的 9° 倾

“尼米兹”级超级核动力航母的首舰“尼米兹”号

角，尽管这用普通肉眼不太容易看出来；这一角度的设定是为了使航母四周的气流更加适于飞机起降。

如果从空中俯视，可以清晰地看到：飞行甲板上设有 4 座飞机弹射器，很显然这是用来弹射起飞滑跑距离较长的固定翼飞机的。

在执行较紧急任务时，“尼米兹”级航母即可同时起降多架舰载机，以在最短时间内给予敌方饱和密集的打击。一般来说，“尼米兹”级在半天时间内最多能出动 120 架次舰载机攻击目标；1997 年，“尼米兹”号曾在一次演习中完成四天内出动 771 架次，平均每日出动 193 架次舰载机的成绩。

毫无疑问，“尼米兹”级核动力航母平均可日出动

“尼米兹”级上搭载的 F/A-18C/D“大黄蜂”战斗 / 攻击机

100 至 140 架次的舰载机实施打击；这一数据相当于许多中小型国家整个空军部队每日能出动的架次。

2001 年阿富汗战争中，参战的“尼米兹”级平均出动率约为每日 90—100 架次；2003 年的伊拉克战争则是平均每日 120—130 架次；远远领先于其他国家的航母战斗群的效率。

尽管“尼米兹”级的 10 艘成员被归为一个级别的姊妹舰，但实际上它们之间还是有不少差别的。比如，4 号舰“西奥多·罗斯福”号与 3 号舰“卡尔·文森”号之间便有很大不同：前者采用模块化建造来降低成本，在

“尼米兹”级核动力航母的 9 号舰“里根”号正在通过麦哲伦海峡

侧舷增设 63.5 毫米的凯夫拉装甲、加装箱型掩体来保护弹药库与机舱，堆心寿命由原先的 13 年提高为 15 年、取消飞行甲板前方的钢缆回收器等。

如今，人们常把前 3 艘称为“尼米兹”级，而把后 7 艘称为“西奥多·罗斯福”级。当然，美国官方和海军仍旧把这 10 艘统一归为“尼米兹”级。

冷战结束后，美国的国防预算遭到大面积削减，“尼米兹”级航母的建造一度受挫，并随之放缓。1994 和 1998 年，美方订购了最后两艘“尼米兹”级航母：“里根”号和“布什”号。

细心的人注意到：这两艘航母的订购间隔明显增大，加上美国海军已经开始规划下一代的航母（即最新的“福特”级核动力航母），因此“里根”号与“布什”号也各有相当程度的设计改良。

“尼米兹”级航母服役后，便随着美国政府的旨意四处征战，频频出击。1981 年，美国举行了一场代号为“北方魔剑”的演习，检验对苏联实施战略威慑。苏联对此大为光火，称其为挑衅事件。

在这次演习中，美海军出动“尼米兹”级 2 号舰“艾森豪威尔”号为核心的航母战斗群，不断地向苏军核心地带——摩尔曼斯克的可拉半岛进发，在渡航过程中，严格实行射频辐射控制，来避免被苏联的海洋监视系统探测。

事实证明，采取措施的“艾森豪威尔”号战斗群，行动相当隐蔽：虽然舰船数量较多，沿着挪威北岸朝巴伦支海前进，但直到进入北纬 70 度以北、东经 15 度以东的位置，才被一架沿着固定航向巡航的苏联远程侦察机发现。

苏军总参谋长接到情报后，立即下令：“立刻派出飞机跟踪、监视！”

很快，几架高性能侦察机向美军航母战斗群逼近。

然而，在美军强大的海空电磁干扰和舰载战斗 / 攻击机的拦截下，苏联侦察飞机始终没能进入对航母战斗群构成威胁的距离。

为了改变这种被动局面，8 月 24 日，苏联发射了一组监视卫星进入轨道，以便能及时掌握美国航母战斗群的位置。

后来，美军没有继续深入，苏联的侦察、跟踪行动也就不了了之。

美军航母上的 F-14“雄猫”舰载战斗机服役后的第一次实战纪录，是在利比亚外海上空留下的。1982 年 8 月 19 日，停留在利比亚附近的“尼米兹”号航母上的 F-14“雄猫”战斗机，在舰上 E-2C 预警机的制导下，在利比亚海岸以外 80 千米锡得拉湾上空，击落两架企图接近美国舰队的

X-47B 无人舰载机从“布什”号上弹射起飞时的照片

利比亚苏制攻击机。

2003 年伊拉克战争爆发后，“尼米兹”级核动力航母再次披挂上阵。这次美军共派出 4 艘“尼米兹”级核动力航母，分别为“杜鲁门”号、“罗斯福”号、“林肯”号与“华盛顿”号。在为期 3 周的对伊拉克的军事打击中，这 4 艘“尼米兹”级航母舰载机平均每天每舰出动 100 架次左右，使得伊拉克空军在战争伊始便损失殆尽，而战场主动权则牢牢被联军所掌控。

“尼米兹”级航母，还是人类历史上首次实现无人机成功起降的先驱者。

2013 年 5 月 14 日，由波音公司研制的 X-47B 无人舰载机成功地从“尼米兹”级的“布什”号上首度弹射升空，这是攻击型无人舰载机首次在航空母舰上起飞成功；同年7月10日，X–47B又在“布什”号上完成了无人舰载机第一次在航母上的降落作业。

随着2009年“布什”号的入役，“尼米兹”级航母全部10艘已经同时在美国海军中服役。

不过，也许10艘同台的盛景恐怕不会持续太长时间，因为更新式的核动力航母第一艘“福特”号已于2013年底下水，预计2016年服役。

优胜劣汰，不断进取，是自然界乃至世间任何事物的发展规律，拥有强大海军的美国也是如此。“福特”级新型核动力航母的陆续服役，标志着“尼米兹”级早期成员将相继退出历史舞台。但是不管怎样，作为全世界第一级批量建造的核动力超级航母，“尼米兹”级在人们心中的地位和影响是不可磨灭的。

3.6 核装置“安家”美航母

2009年5月12日，在庄重的军乐声中，“小鹰”号航空母舰在华盛顿州布雷默顿军港举行了一场极其体面的退役仪式。不过，尽管乐声激昂，但仍掩饰不住人们对这艘“年近半百”老舰的怀念与伤感。

可以说，“小鹰”号的退役，标志着常规动力航母在美国海军史上画上了一个句号。从此，美国海军航母全部实现了核动力化。

也许有人会问，美国海军为何早在半个多世纪前，就一门心思要发展核动力航母？它又究竟怎样走上了这条航母核动力化发展的“高速公路”呢？

这事情还要从头说起。那是二战结束不久的1950年，美国海军开始对航母核动力化展开了可行性研究。不过，由于核动力装设战舰，在当时世界上没有任何先例可循，因此是困难重重。实际上，当时的舰用核反应堆技术才刚刚起步，离实用化的道路可以说还相当漫长。更重要的是，当时美国海军的首要任务就是立即着手建造第一代“超级航母”，所以航母的核动力化研究也就排在后面。

令人沮丧的是，美国海军在与空军军种竞争中全面落败。而这次失败，先是引发了轰动一时的“海军上将造反事件”；紧接着，美国国会也跟着“凑热闹”，对海军的拨款也开始明显减少。

舰用核动力研究这个“吸金大户”因经费短缺，难以为继。1953 年夏季，“航空母舰用核反应堆”的研究实在支撑不下去了，美国原子能委员会索性将这笔预算直接砍掉了。

就在这时，有着美国海军“核动力之父”之称的里科弗少将，坚定地站出来，仗义执言道：“航空母舰用核反应堆项目不能砍！”美国原子能委员会不愿得罪里科弗，于是对航母核动力的研究网开一面，这才使事件有了转机。

1954 年，航母核反应堆研究得以恢复。一年后，“鹦鹉螺”号核动力潜艇试航获得巨大的成功。美国海军决定乘着这股东风，加快航母核动力化的研究步伐；一方面加紧对国会的游说，另一方面对广大美国民众宣传对军舰采用核动力化的优点。

1955 年 8 月，又出现了一个令美国海军高层值得高兴的事：二战中取得赫赫战功的阿利·伯克接任美国海军作战部长；这位新部长不仅精通海上作战，而且他对导弹和核动力等新技术也十分着迷。在他的大力斡旋和努力下，国会终于同意于 1958 年建造第一艘核动力航空母舰。

至此，美国海军经过前后 5 年的努力，终于使核动力航母的建造被正式列入议事日程。然而，就在大家都感到欢欣鼓舞的时候，却发现一件令人意想不到的事：要建造核动力航空母舰，而它的“心脏”——舰用核反应堆，居然还停留在图纸上。这下，海军高层都着了慌：核反应堆能否按时交付使用，成了核动力航母建造的最大“瓶颈”。到了这个时刻，已不由得人们再犹豫了，阿利·伯克和里科弗也更加坚定的对其“全面支持”。

不仅海军高层和工程技术人员，明眼人都知道：航空母舰上使用的核反应堆要求输出功率要远大于潜艇的输出功率；这就需要设计建造一种全新的反应堆。

作为美国主要电气设备制造商和核子反应器生产工厂——西屋公司，被美国海军选中，于1955年双方签订合同，要求其为海军航母设计一种可以满足使用的大型舰用核反应堆。

美国海军提出了一个直观而又简单的指标：“航母上所使用的核反应堆要求能和同时期的常规动力航母一样，输出28万轴马力的功率。”

“这看起来要求并不高，但实际上要操作起来难度不小！”西屋公司老总信心不是很足。

“这个指标不能变！”里科弗斩钉截铁。

“我也支持个这观点！”阿利·伯克上将也很干脆。

看到这么多高层人士如此重视，西屋公司为了保险起见于同年年底专门设计建造了一座陆地实验性核反应堆，即A1W型核反应堆。其中，“A”代表航空母舰“Aircraft carrier”首字母，“1”代表第一款，“W”代表西屋公司的缩写，连在一起即为“西屋公司制造的第一款航空母舰用核反应堆”。打这以后，美国航空母舰用核反应堆都采用这种方式进行编号。

多年来，西屋公司的设计方案中，航母使用的核反应堆为“轻水堆”，即使用普通水（就是通常说的轻水）作为冷却剂和中子慢化剂。由于普通水非常容易获取，而且普通水在做慢化剂的同时也可以用来做冷却剂，所以使用轻水堆方案可以有效地降低成本；更为重要的是轻水堆方案可以将核反应堆的建造体积缩小，这在内部空间寸土寸金的军舰上是至为宝贵的。

自此之后，美国海军所有航空母舰用核反应堆都采用轻水堆作为其动力。

通常，核反应堆两个循环回路：一回路（即主循环回路）连接反应堆堆芯和蒸汽发生器，二回路内通过加压器将压强保持在 150 个大气压左右，在此压强下可将冷却水加热至约 343℃而不沸腾。冷却水在蒸汽发生器的传热管中将压强约为70个大气压左右的水加热至沸腾（温度约 260℃），形成的水蒸气进入二回路推动涡轮发动机运转。完成加热后剩余的冷却水通过一回路回流至堆芯，

一个典型的轻水堆

完成一回路循环。作为蒸汽动力从汽轮机流出的二回路水经冷凝器凝结为液态水后，回流至蒸汽发生器，完成二回路循环。

常言道，祸不单行！就在核反应堆的研究加速进行时，又一意外从天而降。出于安全方面的考虑，舰用核反应堆的蒸汽压力远小于使用常规动力的蒸汽机的压力，所以美国海军航空局对使用核动力条件下的弹射器工作压力表示怀疑，进而要求在舰上取消蒸汽弹射器，而改用他们正在研发的内燃弹射器。

海军航空局的这一个要求，的确让海军作战部长伯克犯了难：从纸面数据上来说，内燃弹射器的性能明显要好于现有的蒸汽弹射器，但由于内燃弹射器是个全新的设计，没有任何现成的使用经验，所以内燃弹射器能否符合使用要求还是个未知数。要是贸然使用的话，必将承担不小的技术风险，甚至影响整个航母用核反应堆的设计建造！

消息传到里科弗那里后，他大为恼火，不断抱怨海军航空局的做法。因为早在核反应堆设计之初，他就考虑到了这个问题；为此，他还专门要求西屋公司更改了设计方案。

1956 年 2 月，里科弗面带怨气面见阿利·伯克部长。

他直截了当地陈述了蒸汽弹射器的众多优点，同时列举了大量的内燃弹射器的不利；并要求允许航母上使用和核反应堆配套的蒸汽弹射器。

阿利·伯克面对两种截然相反的意见，非常犹豫；因为拿不准，于是他拒绝了里科弗的要求。

由于阿利·伯克对最终采用何种弹射器握有“生杀大权”，里科弗只好这样对伯克说：“那么就让我们的研究方案作为一个备用吧！如果航空局那帮家伙的弹射器失败了，再让我们的方案顶上。如果到时候航母没有弹射器可用的话，这个责任可是谁也无法承担的。”

看到里科弗态度如此坚决，伯克最终答应他继续进行蒸汽弹射器的试验，以作为一个备用方案。

有了伯克的口头承诺，里科弗联系西屋公司继续修改设计，同时他加紧在美国高层和国会进行活动，并且在陆地核反应堆实验室进行展示性试验。

就在此时，海军航空局所支持的内燃弹射器在1956年的一次试验中发生了爆炸，一直拖到1959年才进行了第一次弹射试验。不仅是时间进度上的拖延，更重要的是内燃弹射器的可靠性很长时间都无法满足海军的要求；鉴于这种情况，1961年9月海军最终同意在航母上使用蒸汽弹射器。

当核反应堆项目获得批准的同时，配套的航空母舰设计方案也在紧锣密鼓地进行着。1953年，美国海军要求新航母的尺寸控制在329.18米长、39.62米宽的范围内；可以弹射约45吨重量级别的飞机；可以携带300万加仑的航空燃料；配备四部升降机和四部弹射器；拥有一定的防空自卫能力。1955年，海军舰船局提出了代号为SCB160的设计方案，该方案就是后来的“企业”号航空母舰。

美海军上将阿利·伯克对美国核动力航母的发展发挥了相当的推动作用

在设计方案中，新的核动力航母将装载8台由A1W改进而来的A2W型核反应堆。由于核反应堆占用了大量的舰体空间，所以新航母的水线宽度达到了40.54米，

1960 年正在船坞中建造的“企业”号

超过了美国海军的尺寸限制要求。为此，其制造商海军纽波特纽斯造船厂特意扩建了船坞才得以容纳建造如此巨舰。航母上所搭载的 4 个双反应堆舱室，一共 8 台核反应堆也让该舰成为迄今为止搭载核反应堆数量最多的军舰。

为了确保安全，航母上的核反应堆使用了四层防护措施：第一层是包裹在核反应堆炉芯外的压力容器；第二层是包裹在主回路外的容器，该容器里面含有反应堆炉芯和主循环回路；第三层为反应堆舱外的包裹容器；第四层防护则是舰体本身的舱室和装甲防护。毫无疑问，这四层防护措施，使得核反应堆成为航母上最为坚固的部位。

1964 年与核动力巡洋舰“长滩”号一起航行时的“企业”号。其甲板上用船员排出 $E=mc^2$ 的图案来纪念爱因斯坦

使用核反应堆作为动力也带来了不少好处，如不再需要安置烟囱；这样新航母的舰岛尺寸也大幅缩小，其舰桥长度为20.73米，比“福莱斯特”级航母短了12米多；这是一个很了不起的改进，特别是对于隐身好处极大。

1960 年 9 月 24 日，时任美国海军部部长的威廉·B.弗兰克的夫人将一瓶香槟往第一艘核动力航空母舰“企业”号舰艏奋力一砸，随后船坞开始注水，当航母舰体完全浮起的同时，舰艏排成“Enterprise（企业）”字样的灯泡同时亮起。与此同时，美国海军“蓝天使”飞行表演队的 16 架 F11A“虎”式舰载单座战斗机从航母上空飞过。

这艘美国海军史上第 8 艘以“企业”命名的军舰，

也是第一艘核动力航母、第二艘核动力水面舰艇（第一艘核动力水面舰艇是核动力巡洋舰“长滩”号）的核动力战舰，在其此后生涯中，创下了很多的第一：第一艘核动力航母；当时世界上最大的军舰（满载排水量 8.9 万多吨，这个纪录直到“尼米兹”号服役才被打破）；世界上尺寸最长的航母（全长 342 米，到现在都没有被打破；“尼米兹”号仅是追平了“企业”号的水线长度，其舰体全长依然要小于“企业”号）；在搭载舰载机方面，“企业”号也创下了搭载各型飞机 99 架的纪录，超过了当时所有的常规动力航母；特别是“企业”号的航空燃料装载量比“福莱斯特”级多了近 70%，这大大提高了舰载机的作战时间。

除众多让美国海军自豪的“第一”外，“企业”号还有多项不那么让人开心的“第一”，例如它的造价也创造了当时的一个纪录，该舰的造价高达 3.14 亿美元（1960 年币值），价格远高于“福莱斯特”级 2.02 亿美元的平均造价；这个价格就连财大气粗的美国及其海军也感到有点难以承受。

“企业”号刚服役不久，就作为美国海上力量的“急先锋”参加了古巴导弹危机期间对古巴的封锁行动，其强大的战斗力和威慑力给世人留下了深刻的印象。

为了继续加大影响力，1964 年 7 月，美国海军以“企业”号核动力航母、“长滩”号核动力巡洋舰和“班布里奇”号核动力驱逐舰组成编队，以其高速和近乎无限制的续航力，进行了全球航行以展示强大的武力。

1967 年 12 月，“企业”号核动力航母进入南海介入越南战事一直到 1973 年撤离。1988 年“企业”号参与了波斯湾地区的护航行动。“企业”号曾由于进厂大修更换燃料，错过了海湾战争。但它随后参加了对伊拉克的军事打击行动，从 1994 年的“沙漠打击”行动一直到 2003 年的“持

2012 年 11 月 4 日完成最后一次航行的“企业”号

久自由”行动，“企业”号则场场不落。

由于使用时间久远，导致其维修费用不断攀升，美国海军于 2008 年建议国会将“企业”号提前退役。2009 年 10 月，国会批准了美国海军的建议。2012 年年底，“企业”号默默地回到了诺福克军港进入“退休期”准备。

“企业”号退役了，但它开创的航母核动力化之路则被永远载入海军舰艇发展的史册。

3.7 古巴导弹危机与苏联航母的发展

1962 年，加勒比海域发生了一场震惊世界的危机——古巴导弹危机。当时，美国和苏联这两个东西方“超级巨人”展开了前所未有的政治、军事对峙，人类从未如此近地从一场核战争的边缘擦身而过。

古巴导弹危机中，美国海军航母强大的威慑力和打击力，犹如一桶冰水将苏联巨熊从洋洋得意的睡梦中浇醒。在此事件之后，苏联“痛定思痛”，也开始积极发展航母，试图与美国展开全面的海上抗衡。

1959 年 1 月 1 日，古巴人民在革命领袖菲德尔·卡斯特罗的领导下，推翻了巴蒂斯塔的独裁统治，成立了共和国。虽然巴蒂斯塔是美国人原先扶持的傀儡政权，但为了拉拢新古巴，确保美国后院的安全，艾森豪威尔政府热烈欢迎了卡斯特罗的到访。很快，两国进入了“蜜月期”。

但是，好景不长，美国人很快发现古巴新政府并不如他们想象的那样“听话”，在经过多次警告和经济制裁未果后，美国打算用武力教训一下

当时关于古巴导弹危机的一幅漫画：赫鲁晓夫和肯尼迪在掰手腕

红场苏联阅兵时展出 R-12 型远程战略导弹。该型导弹后陆续部署至古巴

这个不听话的“小兄弟”。

在美国人强大的压力下，卡斯特罗决定寻找“新的靠山”，向苏联寻求援助。当时的苏联领导人赫鲁晓夫，立刻意识到这是一个拉拢拉美小兄弟的好机会，于是同意对古巴进行经济、军事援助。

古苏之间的关系骤然升温！此时，赫鲁晓夫心生一念：在古巴秘密部署导弹，从背后对美国“插上一刀”。

1962 年 7 月，赫鲁晓夫在 3 日和 8 日分别参加了与古巴副总统劳尔·卡斯特罗的会谈。双方秘密商定：在古巴岛秘密部署中程导弹。不久，苏联开始把运往古巴的货物改由苏联船只运送，并将几十枚导弹和几十架飞机拆开装到船上的集装箱里。

但纸包不住火！苏联人的这点小聪明，很快便被老奸巨猾的美国人的卫星和空中侦察设备发现了。肯尼迪总统立刻意识到：这件事对美国的影响非常重大，如果不加以阻止，将会让美国威信扫地。

10月22日晚，肯尼迪总统向全世界发表广播讲话，通告了苏联在古巴部署核导弹的事实，并宣布对古巴进行全面的军事武装封锁，要求苏联立即撤除在古巴岛上的一切导弹建筑和设施，否则美国将毫不犹豫地消灭这些直接威胁。

对此，赫鲁晓夫最初并不买账，他依然以十分傲慢的口吻称，“将会对美国的拦截予以最激烈的回击！”

这一回，肯尼迪被彻底惹怒了！

10月24日，由8艘航空母舰、90艘军舰以及68个空军中队所组成的美国海空力量出动了。美大批战舰从佛罗里达到波多黎各布成了一个弧形，团团围住并封锁了古巴海域。

一场全球性的核战争架势拉开了。面对这个局势，赫鲁晓夫完全震惊了、胆怯了。美国航母战斗群是如此庞大且部署如此严密，使得当时还没有航母的苏联海军根本无法与之对抗。

在这种紧张到几乎“难以忍受的程度”的局势下，肯尼迪真如一头愤怒的公牛。听到这个信息，赫鲁晓夫开始软了下来，寻求妥协。

10月26日，星期五。赫鲁晓夫给肯尼迪写了一封被白宫形容为“冗长、杂乱无章、漫无边际”的信。在这封信中，赫鲁晓夫意图说服美国政府撤回军队，避免核战的发生；紧接着，还未等到肯尼迪回复赫鲁晓夫的来信，苏联官方又发来第二封依旧冗长并带有火药味的信件。在第二封信中，苏联提出：让美国政府用撤出土耳其的类似武器来换取古巴核导弹的撤除；总之，苏联人还想找出一个体面的台阶。

这一要求，立刻遭到肯尼迪总统的拒绝；局势再度紧张！

就在双方剑拔弩张、战争一触即发之时，肯尼迪总统的弟弟、时任美国司法部长的罗伯特·肯尼迪突然灵机一动，对哥哥提议说：“为什么不可以不理睬赫鲁晓夫的第二封信，而只回答第一封信呢？”

于是，肯尼迪总统按照他弟弟的提议发出了接受赫鲁晓夫 10 月 26 日星期五的信中“提议”，信中暗示了希望对方就第一封信中提出的和平问题，迅速取得一致的意见。

赫鲁晓夫马上领会了肯尼迪的意图；他知道这样继续对峙下去，苏联的损失将会比美国更大。到 10 月 28 日，莫斯科电台公开广播了赫鲁晓夫的回信，信中回应了关于美国要求撤出核导弹的要求，并答应立刻付诸行动。

见到赫鲁晓夫的“诚意”后，肯尼迪总统下令取消对古巴的封锁。至此，一场影响世界的古巴核导弹危机才得以解除。

美军拍摄的苏联部署在古巴的导弹被拆卸上船准备运走的照片

从表面上看，苏联在僵持中没有受到任何实质损失。但通过这件事，苏联认清了航母对于一支现代化海军的必要性和重要性。当时，尚没有航母的苏联海军作战打击半径远远逊色于美国，

倘若双方真的开战，苏联海军肯定占不到任何便宜。

1962年底，曾称航母为“海上移动棺材”的赫鲁晓夫正式签字同意拨款建造航母。尽管苏联的第一艘航母晚至60年代后期才服役，但古巴导弹危机确实成为一剂催化剂。

关于航母的起步，苏联不算太晚。二战结束前夕，苏联曾缴获了纳粹德国尚未建造完成的“齐柏林伯爵”号航母，并将其拖走以进行秘密技术研究，后作为靶舰击沉处理。到了20世纪50年代，苏联海军元帅库兹涅佐夫曾向斯大林提议建造航空母舰，斯大林接受了这一建议，并着手开始准备。可惜的是，斯大林随后不久便在1953年与世长辞，而其继任者赫鲁晓夫认为发展核武器和导弹远比发展航空母舰要更有前途，航母等大型水面舰艇在核武器面前不过是活靶子，并以此为由停止并撤销了所有与航母相关的研发和制造工作。

“莫斯科”级直升机母舰首舰“莫斯科”号，它还不是真正意义上的航母

固执己见，坚持发展海军的库兹涅佐夫惨遭降职，由元帅降至中将。但是，老将军仍坚信，在未来的某天，航母依然会成为苏联海军发展的两大核心之一。

1959 年，美国海军核潜艇在苏联附近海域巡逻，这对苏联海军来说是公然的挑衅。为了对付气焰嚣张的美国和北约，苏联海军迫切需要大型反潜舰艇作为威慑力量。于是新任海军司令戈尔什科夫元帅采用“迂回战术”，把航空母舰称为“大型反潜巡洋舰”，以避免赫鲁晓夫的猜忌。后来，又恰逢 1962 年古巴导弹危机发生，赫鲁晓夫亲眼见识到美国航母战斗群的威力，终于同意建造。

由此，苏联航母发展如枯木逢春，第一级直升机母舰——“莫斯科”级艰难诞生。

在苏联内部，“莫斯科”级直升机母舰被称为“1123 型反潜巡洋舰”。事实上，该舰由于没有贯通的飞行甲板，无法降落任何一型固定翼飞机，因此称其为航母的确有些牵强。但不管怎样，该舰开创了苏联航母的先河，因而从历史角度来看还是有一定意义的。

从外观来看，“莫斯科”级直升机母舰全长 189 米，水线宽 23 米；标准排水量 14950 吨，满载为 17500 吨。实际上，该舰长得一副巡洋舰的“标准身材”：它采用法国和意大利首先开创的混合式舰型，舰前半部为典型的巡洋舰布置，舰后半部则为宽敞的直升机飞行甲板，与前半段并不贯通：长 81 米，宽 34 米，甲板面积 2754 平方米。

不过，该舰的动力系统较为落后，为双轴蒸汽轮机，总功率 10 万马力，最高航速可以达到 31 节。该舰的武器系统较为复杂，但以反潜为主，同时具备较弱的防空能力。舰上飞行甲板与机库之间有两座升降机；通常情况下搭载 18 架各型直升机（主要为 K-25“激素”型反潜直升机），最多时可增加到 30 架直升机。

从舰艉方向看到的“莫斯科”级直升机航母的甲板

作为苏联海军第一型直升机母舰，“莫斯科”级谈不上成功。私下里，不少苏联海军官兵称其为“畸形儿”。

如果要挑毛病，“莫斯科”级直升机母舰确实不少：首先，为了增大机库装载直升机的容量，“莫斯科”级甲板以下的机库尽量减少使用支柱；但就因为这个原因，导致飞行甲板承重能力较差，无法完成垂直起降战斗机的起降作业。

其次，该级舰的自动化程度较差。当初，该舰预计只需要300多人就能操作，但由于苏联科研水平仍旧有限，尽管有600多个单位投入研制，却因大部分系统不能发挥作用，最终海试时发现该舰需要670人才能正常执行任务，几乎比预期人数多出一倍还多，这导致了舰上官兵的生活居住条件更为恶劣，有的士兵需要住在机房和武器库里。

再次，“莫斯科”级在设计时着重考虑到“防核、防生武及防化学”等，其舰有着完备的三防设备与措施，却对人员生存环境和空气流通考虑不周，因此对于窗户数量只针对核战争的要求，而对舰内的空气流通考虑很少或基本不予以考虑，导致舰内环境进一步恶化。

还有十分糟糕的一点是，“莫斯科”级直升机母舰的稳定性较差，特别是当放出舰底声呐时，舰身容易出现摇摆不定的情况。因此，苏联海军有关部门规定：该级舰最多只能在五级风浪下进行舰载直升机作业，这明显与大舰要求“六级防浪指标”不符。

“莫斯科”级直升机母舰入役后不久，苏联海军很快就发现它的弊端，制订了改进方案，其中最重要的一点就是，能搭载固定翼飞机。1970 年，新一级航母开工建造，首舰于 1975 年底服役，命名为“基辅”级。

说起“基辅”级航母，苏联自称其为“重型载机巡洋舰”或“重型反潜巡洋舰”。该级舰是苏联 20 世纪 70 年代建造的一级航母，也是苏联发展的第二代航母；它还是苏联第一级搭载固定翼舰载机的航母，也是世界上第一艘（级）搭载垂直 / 短距起降战斗机的航母。可以说，苏联海军航母之路由此正式开始了。

“基辅”级航母舰身长 273 米，飞行甲板宽 47.2 米，吃水深约 10 米；标准排水量 3.6 万吨，满载排水量 4.35 万吨；全舰编制 1600 人。在外观上，该级舰与现代航母相比还是有明显差别的，主要是其前甲板还搭载了各式导弹等，依然有着典型巡洋舰的特征。与英美等国“拼命腾出空间停飞机”的航母设计理念不同，“基辅”级的甲板面积中仅 60% 作为飞机起飞、停放所用，即仅长 195 米、宽 20.7 米的飞行甲板可保障飞机起降、停放；其飞行甲板尺寸甚至比二战时期的轻型航母还小。为了保证雅克 –38 垂直

“基辅”级航母3号舰“新罗西斯克”号

/短距起降舰载机的起飞要求，甲板上的圆圈处的飞机起飞点均使用了甲板热防护层；即便如此，实际效果仍不理想。

“基辅”级航母与西方国家航母最大的不同是，它们（4艘）实质上仍是“航空巡洋舰”，舰载机只能算是其辅助武器。“基辅”级的前甲板装有重型舰载武器，可实施对舰、对空和反潜“三位一体式”攻击，这是冷战时期一艘标准巡洋舰的武装。

舰左侧“短小精悍”的甲板，则搭载有雅克–38垂直/短距起降战斗机和K–25反潜直升机。实际上，雅克–38只能进行垂直起降，这使得其搭载武器和燃油过少，以及起降时对甲板破坏极大；同时因为雅克–38事故频发，最终只能黯然下舰（于苏联解体后便退役）。

试航中的印度“维克拉玛蒂亚”号航母

由于没有了垂直/短距起降战斗机，“基辅”级最终还是沦为了普通的直升机母舰，与其前辈“莫斯科”级落得个“殊途同归”的下场。

1998年，俄罗斯决定把“戈尔什科夫”号（即“基辅”级的4号舰“巴库”号）免费赠予印度，并按照印度方面的要求对该舰进行了一次大规模改装。然而，其后的改装工期一拖再拖，改装费用也一涨再涨，最后印度竟付给俄罗斯23.5亿美元。

好在此次改装，还算是“大动干戈”：飞行甲板进行全面扩容，不仅拆除了前甲板原先设置的导弹武器，同时将飞行甲板延伸至舰体最前端并增加了上翘14.5度的滑跃甲板。它已完全蜕变为一艘全新的现代化中型航母。不仅如此，印度政府还给了它一个极其响亮的名字：

“维克拉玛蒂亚”号。由“基辅”级“最后一颗独苗”改装而成的“维克拉玛蒂亚”号航母，其设计最多能搭载30架米格-29K型战斗机和6架反潜直升机，作战能力不可小觑。尽管它没能在自己的“娘家”继续服役，但也算借助印度来延续自己的“香火”。

3.8 战后英国航母的“四大发明”

英国，曾被誉为“日不落帝国”，其殖民地面积一度达3350万平方千米，相当于全球陆地面积的1/4，等于它本土面积的100多倍；殖民地人口近4亿，相当于本国人口的9倍；殖民地范围遍及世界各大洲，其殖民地的海域范围也是当时世界最大的。

毋庸置疑，英国皇家海军也曾一度达到世界巅峰。

一战末期，英国人在“光荣”级大型轻巡洋舰的3号舰“暴怒”号上，

初次在舰艏安装飞行甲板的“暴怒”号，是世界上首艘可供飞机起降的战舰

首次试验了铺设飞行甲板供飞机降落。虽然这项举动要比美国人尤金·伊利驾机在“伯明翰”号巡洋舰上起飞和在“宾夕法尼亚”号巡洋舰上降落，要晚了半拍。但是，虽说它还不是真正意义上的原汁原味的航母，但毕竟荣膺了世界上第一艘可以在舰上直接起飞和降落的改装航母。

“暴怒”号服役之后，英国人很快便意识到全通甲板的重要性，迅速推出了第一艘全通式飞行甲板的航母，即 1918 年服役的“百眼巨人”号。

随后，英国人又推出了第一艘专门建造的，同时拥有封闭式飞行甲板和岛式舰桥的轻型航母“竞技神”号。有了航母还必须有舰载机，到二战末期时，英国率先研发出“流星”喷气式战斗机，并以此为基础研发出一种名为“海吸血鬼”的航母舰载喷气机。

1945 年 12 月 3 日，这种“海吸血鬼”舰载机在英国“巨人”级轻型航母“海洋”号上起飞成功；这一“壮举”比美国还要早了 7 个月。

有人说，喷气机上舰并不能算是发明，充其量只是一项创新。但是，不管怎么说，英国在航母发展史上还是做出过突出贡献的，最重要的就是蒸汽弹射器的发明。

从“海洋”号航母上跃起的“海吸血鬼”式舰载机

其实，用弹射器弹射飞机，早就不是什么新鲜事情。早在二战时期，许多航母上曾普遍采用过弹射器作为辅助起飞手段，甚至日本的“潜水航母”也有使用。

不过，实事求是地说，这些弹射器的实际意义并不大，主要是因为：当时螺旋桨飞机的速度和重量完全可以满足从较短的甲板上直接起飞。

然而，喷气式飞机上舰，事情就完全不一样了。由于喷气式飞机自身重量大、起飞初速度要求高，特别是当时航母甲板面积相对而言变得越来越有限，已经不能满足其正常起飞的需求；即便使用老式弹射器也毫无办法。面对这种情况，英国人发明了蒸汽弹射器。

实际上，蒸汽弹射器就是一个大型蒸汽汽缸和一个蒸汽控制系统，将高压蒸汽能量转化为动能对飞机进行弹射。由于飞机结构强度上的限制，弹射器不但要有足够的输出功率，而且要把输出功率准确控制在飞机可以接受的程度以内。

弹射时，蓄压罐内的蒸汽由弹射阀门释放到弹射汽缸内，缸内压力上升推动活塞前进。弹射阀门还有一个更重要的作用就是精确控制蒸汽进入弹射汽缸的流量变化，以此控制推力和弹射的加速度，以保证飞机结构不会超负荷。飞机升空后，蒸汽排放阀打开，让汽缸内蒸汽排出；同时，活塞和飞机牵引器被水刹器减速后停下，然后由归位系统拉回起跑点。

在飞机起飞前，由位持器钢圈把飞机尾部扣在一个坚固点上，飞机前轮附近的牵引杆垂落到一个“滑梭”内，滑梭以挂钩钩住飞机。滑梭是蒸汽弹射器唯一露在飞行甲板上的零件。飞机前面的甲板下，有两个平行圆筒，每个至少长 45 米，筒中的活塞与所有滑梭相连。蒸汽由母舰上的锅炉输出，增压后输入滑梭。飞机起飞时开足马力，但被位持器扣住。蒸汽弹射器一启动，飞机引擎的动力加上蒸汽压力，使钢圈断开，飞机前冲，在 45 米距离内达到时速 250 千米。飞机弹射起飞脱离滑梭后，活塞前端的注管就落入水池，在几米的距离内停顿，滑梭移回原位，推动另一架飞机起飞。

通常，航空母舰上最多可装设4个蒸汽弹射器，每个蒸汽弹射器每分钟可推动两架飞机起飞。如果进一步剖析蒸汽弹射器，你会发现：它的总重量接近500吨；每次弹射最大输出能量可达到95兆焦耳，平均每次耗用近700千克蒸汽。

加装了蒸汽弹射器的英国“英仙座”号航母

现如今，使用蒸汽弹射器的只有美国、法国和巴西三家，但无论是法国还是巴西的蒸汽弹射器全部是由美国进口的。

鲜为人知的是，当年正是趾高气扬的美国“师从”日薄西山的英国，购买下的这项专利，并在之后做了发展。1951年，英国开始研发蒸汽弹射器，当年就获得巨大成功，并装在“英仙座”号航空母舰上进行了试验，“英仙座”号也属于前文提到的“巨人”级轻型航母。

斜角甲板，是英国在航母上的第二项创新发明。二战时期，乃至一些现代的轻型航母，飞行甲板为长方形；该形状甲板在使用上有很大限制，最明显的问题是飞机起降不能同时进行。

还有一点令人十分挠头的是，当飞机降落时，若发生事故，很有可能因为刹不住车，直接撞到前面停放的飞机，造成不必要的损害。为此，聪明的英国人再次创新提出“斜角甲板”（angled deck）的概念。

在“凯旋”号航母上，英国进行了尝试试验，但最初并没有实际改造甲板，而仅仅是画上了倾斜的降落标线。而第一次真正使用斜角甲板的是美国人。1952 年，“山姆大叔”在“安提坦”号航母上，首次加装了斜角甲板，并进行起降试验。直到 1955 年，英国海军才有了第一艘正式加装斜角甲板的航母，即“鹰”级的“皇家方舟”号；同年“庄严”级航母（“巨人”的改进型，后有一艘卖给澳大利亚海军，更名为“墨尔本”号）也开始改装斜角甲板。

尽管现役的英国“皇家方舟”号航母上已经看不到斜角甲板，但作为一项当代乃至未来航母必不可少的设计，它在美国和其他国家不少航母上均有配备。具有讽刺意义的是，即将服役的英国新一代“伊丽莎白女王”级航母拥有斜角甲板，这使得英国又有了“物归原主”的自豪感。

“菲涅尔”光学透镜助降系统是英国人的第三项贡献。二战期间，由于航母甲板过于窄小，舰载机在海上着舰时常会发生意外。为了解决这一问题，最初的解决方案是增设引导员用指挥旗指挥降落飞机进场，不过仍是意外频发。

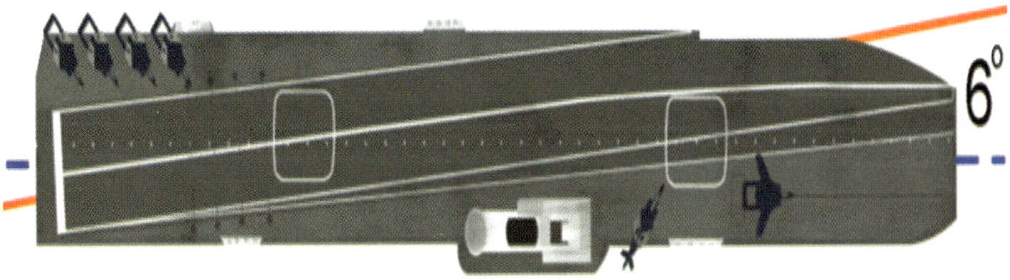

英国“半人马座”号航母上的飞机斜角降落线，其与水平夹角约为 6°

1952年，一名英国海军中校看到他的女秘书正在抹口红，于是突发奇想，发明了航母上的光学助降镜。不过，这种光学助降镜只在一定程度上起作用，随即出现新的问题：海涛涌浪的起伏，会导致航母舰体升沉摇摆，从而使得反射镜射出的光束不稳定，甚至出现较大偏差，因此免不了发生事故。

1960年，英国人再次发挥了其聪明才智，发明了更为先进的“菲涅尔”光学透镜助降系统。“菲涅尔”一词来源于法国工程师和物理学家奥古斯汀·让·菲涅尔所发明的透镜；这种透镜多是由聚烯烃材料注压而成的薄片，镜片表面一面为光面，另一面则刻录了由小到大的同心圆。

法国物理学家菲涅尔（1788—1827）的肖像

“菲涅尔”光学透镜助降系统设在航母中部左舷的一个自稳平台上，以保证其光束不受舰体左右摇摆的影响。每段光束层高为6.6米，距离航母尾部0.75海里，发出的光束与舰的飞行甲板平行，与海平面保持一定角度，正中段为橙色光束，向上、向下分别转为黄色和红色光束；正中段灯箱两侧有水平的绿色基准定光灯。

当舰载机高度和下滑角正确时，飞行员可以看到橙色光球正处于绿色基准灯的中央，保持此角度就可以准确下滑着舰。如飞行员看到的是黄色光球且处于绿色基准灯之上，就要降低高度；如看到红色光球且处于绿色基准灯之下，那就要提升高度，否则就会撞在航母尾柱端面或掉到尾后海中。

安装在航母中部左舷的“菲涅尔”光学透镜助降系统

在中央灯箱左右各竖排着一组红色闪光灯，如果不允许舰载机着舰，它发出闪光。此时，绿色基准灯和中央灯箱均关闭，告诉飞行员立即复飞，因此这两组红色闪光灯被称为“复飞灯”。复飞灯上有一组绿灯，叫作切断灯，打开时即是允许进入下滑的信号。

使用“菲涅尔”光学透镜助降系统后，舰载机着舰作业的风险大大降低了。

不过，令英国人遗憾的是，这套系统迄今也没在其发明者英国的航母上使用，而是“效力”于美、法、俄等国航母。

滑跃甲板的发明，是英国为中小型航母贡献的最后一项创新。20 世纪 70 年代末，英国政府决定大规模裁减军力，海军首当其冲。两艘大型航空母舰“鹰”号和“皇家方舟”号先后退役；取而代之的是“无敌”级轻型航母。

该级舰创新性地在舰艏首次采用了滑跃甲板，以供“海鹞”垂直 / 短

英国“无敌”号轻型航母，其舰的滑跃甲板十分明显

距起降战斗机起飞。与纯粹垂直起飞相比，采用短距滑跃起飞方式，可使舰载机节省更多的燃料，降低成本。如今，除英国外，意大利、西班牙、泰国等国航母都加装了滑跃甲板；就连目前世界上在役的最老航母，印度的“维拉特”号航母，以及“维克拉马蒂亚”号航母仍不愿舍弃滑跃甲板。

就连苏联当下唯一在役的“库兹涅佐夫”号航母，也依然采用滑跃甲板，所不同的是其直接起飞固定翼的重型和中型战斗机。

现如今，英国皇家海军正经历着旧航母“裸奔”，而新航母尚未入役的“艰难岁月”；但不管怎么样，我们都不应忘记英国对航母发展所做出的无数杰出贡献！

3.9 最新一代航母，“福特”

美国现役航母有以美国历史上历届总统名字来命名的传统，对于未来最新一级航母依然如此。

2013 年 10 月 11 日，位于弗吉尼亚州隶属于亨廷顿·英格尔斯工业公司的纽波特纽斯造船厂人头攒动，喧闹异常。这时，只见一位中年妇女稳步走向船坞旁的控制台，并准确地按下注水的启动按钮，不多一会儿，满载排水量达 10 万吨的庞然巨舰浮在了水面上，周围的人激动地欢呼雀跃。

这位妇女也热泪盈眶，原来她就是美国第 38 任总统福特的女儿苏珊·福特。这艘航母以其父亲名字来命名，是因为许多美国人认为福特在任期间曾“对海军做出杰出贡献”。

“福特”级航母首舰的下水，标志着美国航母发展进入了一个全新的时代。

“福特”号单舰造价高达 137 亿美元（含 32 亿研发费用），堪称美国海军历史上最为昂贵的军舰。该舰服役后将和 DDG-1000“朱姆沃尔特”级驱逐舰、新型两栖战舰一起组成美国海军全新一代的水面战舰编队。这也正式向世人宣告：从 20 世纪 90 年代开始论证研发的美国“海军 21 世纪水面舰队”即将正式成军。

早在 20 世纪 70 年代中期，“尼米兹”级航空母舰刚刚开始订购之时，美国海军即开始对下一代航母进行论证，重点是针对美国海军在“尼米兹”级航空母舰的使用中暴露出来的问题进行研究改进。

在大量的海上作战行动和训练演习中，“尼米兹”级航母在弹射和飞机回收上都暴露出不少问题。例如，“尼米兹”级航母上传统的蒸汽弹射器的工作气压值已经达到了极限，很难再有新的突破，即便加大力度继续改进，提高的余地也不大；同时，飞机回收阻拦索也少有改进，在舰载机进场速度越来越快的今天愈发显得力不从心。

此外，电力问题也日显挠头，特别是电子技术的高速发展和电子设备使用数量越来越多，美国海军舰载设备的耗电量越来越大，“尼米兹”级的核反应堆所提供的电力明显不够，这直接制约了航母上电子设备的更新换代。

这两个在“尼米兹”级上无法解决的问题，加之“不甘心原地踏步”的美国人性格，促使美国海军决定设计一级全新的航母。

首先，针对这两个问题，美国海军果断提出：新一代航母必须要使用电磁弹射器，以从根本上解决飞机弹射问题；同时使用新一代的核反应堆和发电、配电系统。为了减少建造成本和降低舰员训练时间和费用，该型

摄于 2002 年的“尼米兹”级 6 号舰“约翰·斯坦尼斯”号

航母的舰体结构继续沿用“尼米兹”级的结构，这就是最早的“CVNX”航母发展计划。

当然，新一代航母的发展并非一帆风顺。上述方案一出台，就遭到了不少海军高级将领的反对。

一次，有一位海军上将尖锐地指出：“天哪，这种旧瓶装新酒的方案怎么配称为新一代航母？”周围附和声一片。

在他和大多数海军将领看来，新一代航母必须是一种全新的设计，拥有全新的舰体、全新的动力、全新的电子设备和全新的武器装备，乃至全新的舰载机。

就在各种意见和方案争论不下时，美国海军宣布“CVNX 计划”将分别建造两艘不同的航空母舰，代号为“CVNX-1”和“CVNX-2”：前者是沿用“尼米兹”级舰体的“廉价”方案；而后者则是全新设计的“先进”方案。按照计划，“CVNX-1”舰于 2006 年建造，“CVNX-2”舰则于 2011 年开工建造。

其实，美国海军的这个方案与其说是建造两艘不同的航母，进行技术论证，倒不如说是要求国会增加拨款的一种手段。

对美国海军来说，自然更希望获得一种全新的航母；但它非常清楚：全新的航母在技术风险上和造价上绝对是难以控制的，而且要想直接通过国会巨额拨款难度很大。

相对而言，保守方案更容易通过国会拨款；但国会对于建造一艘战斗力提高有限的航母并不一定满意。

当然，美国国会那班人不是吃素的，也没那么好糊弄！国会在同意拨付 1700 多万作为“CVNX-1”新航母的前期预研经费后，立即要求美国海军赶快开展建造准备工作。

2002 年，美国海军向国会递交了一个全新的整合方案，方案代号为

“福特”级航母的航行想象图

“CVN-21”计划，即“21世纪核动力航空母舰”。该方案整合了“CVNX-2”计划中的很多新技术，要求对舰体进行全新设计，材料上也要求使用新研制的钢材。

不过，新的“CVN-21”航母结构和“CVNX-2”比起来相似度达到了80%，同时也应国会的要求对预算进行了压缩。因为美国国会清楚：美国海军的惯用手法是，先提出一个较低的价格让国会批准建造计划，然后再不断地增加预算。

没费多大周折，这个新方案作为“21世纪水面舰队”计划的一部分获得了国会的批准。2004年8月，美国海军正式宣布首批建造三艘“CVN-21”型航母。2007年1月，美国海军宣布为了纪念于上月刚去世的美国前总统杰拉德·福特，将新的航母命名为“福特”号。航母弦号则继续沿用美国核动力航空母舰的序号为 CVN-78。

也许，从这时候起，“福特”号航空母舰才正式走进美国乃至世界各国的视野中。2009 年 11 月，“福特”号开始铺设龙骨，人类历史上首艘模块化建造的 10 万吨级航母正式动工建造。

全新的航母“福特”号首次使用了许多新技术。早在设计之初，该航母就首次引用了 3D 模型进行设计。“福特”号上的每个零部件都建有全尺寸的 3D 模型，包括舱室、缆线、各种开关阀门等等。十分有趣的是，诺思诺普·格鲁门公司还开发了一种 3D 眼镜，设计人员戴上这副眼镜后可以进入全模拟的航母内部，不但可以近距离观察航母的各个组成细节，甚至还可以和航母本身进行一些简单的“互动”。计算机辅助设计的引入，使得设计更为科学周密，同时也更有效可行，并大大减少了设计成本。

“福特”号航母上最引人瞩目的，无疑就是电磁弹射器了。为了这台电磁弹射器，美国海军整整用了近 30 年的时间才使之最终进入实用化。相对于老式的蒸汽弹射器来说，电磁弹射器可以弹射不同重量的各型飞机和无人机，包括几十吨重的重型舰载机，以及几十斤重的无人机；并可根据各种不同质量的飞机，调节相应的弹射速度。具体来说，“福特”号电磁弹射器的弹射速度范围，可从 28 米 / 秒—103 米 / 秒，这对美国海军计划中未来小巧的无人机上舰来说是极为重要的；而且电磁弹射器的功率可以达到 122 兆焦，超过蒸汽弹射器近三分之一的功率，同时可以弹射质量更大的舰载机。

电磁弹射器其质量更轻、体积更小，维护保养起来更加简便易行。“福特”号上所使用的电磁弹射器理论上已经将弹射间隔缩短到了 45 秒，这样可以保证飞行器基本无间隔起飞，大大提升了作战效能。

除了电磁弹射器以外，“福特”号上也将首次使用电磁拦阻索系统。电磁拦阻索和传统的以液压作为动力的拦阻索相比，具备通过控制电磁拦阻索电流的大小，来对应选择不同型号的飞机的优点。同时，飞机在勾住拦阻索的一瞬间，电磁拦阻索会通过拉力传感器进行分析调整电流大小，防止飞机因为进场速度过高而无法拉住拦阻索坠海。但电磁拦阻索系统由于技术难度过高，有可能“福特”号航母暂时不采用它，或延迟“福特”号航母服役。

动力系统也出现全面的更新，“福特”号换装了两座全新的A1B型核反应堆。这型反应堆是首台全寿命反应堆，即在“福特”号计划服役的

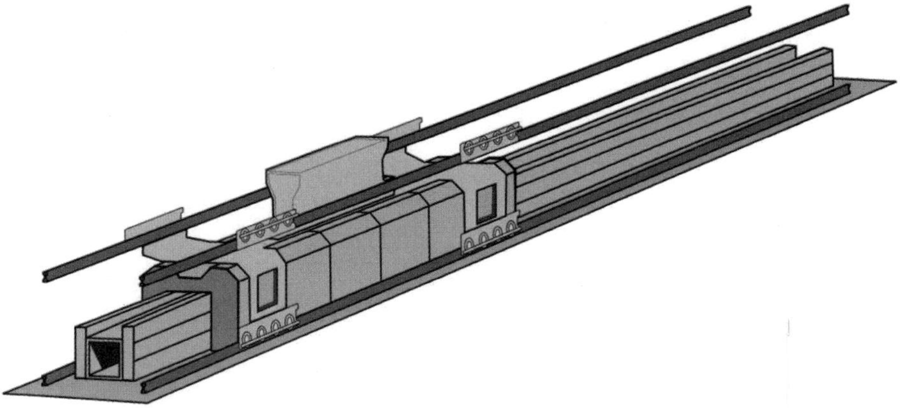

电磁弹射器的外形图。该弹射器将全面替代老式的蒸汽弹射器

50年内，该反应堆完全不需要更换燃料。由于核动力航空母舰每更换一次燃料都需要大量的经费和两年左右的时间，所以装载全寿命反应堆的“福特”号，将不需要在服役期内因为更换燃料而进厂，使在航率得到显著提升。A1B型核反应堆比“尼米兹”级航母A4W反应堆，不但在功率上增加了近25%，而且大量使用新材料，并简化了反应堆设计。

有人做过统计，“福特”号航母反应堆比“尼米兹”级航母反应堆减少了50%的阀门和管道，在简化维护的同时，也使得反应堆更为紧凑，空间得到有效利用。

“福特”号航母还使用了全新的“整合电力系统”。该系统电能由两

“福特”号下水后，移往纽波特纽斯船厂3号码头，进行为期28个月的舾装与测试

座核反应堆提供，配备13500V输配电系统，可以为航母提供20万千瓦的电力。有了如此强劲的电力系统，才使得“福特”级上安装双波段相控阵雷达成为可能；同时舰上以前一切需要以蒸汽为能源的设备都改为了以电力为能源，这样可以大大提高舰上设备的操作安全性。

最直观的好处是，厨房一类舰上火灾高发地区在换装电力能源后，可以有效地减少火灾等意外事故的发生。

和最先进的DDG-1000“朱姆沃尔特”级驱逐舰一样，“福特”级安装了双波段相控阵雷达。这种雷达类似于“宙斯盾”系统中的相控阵雷达，将雷达4个阵面紧贴在舰桥侧面，而不像传统雷达安放在舰桥顶部或桅杆上。

这也是美国海军史上首次给航空母舰安装不用旋转的相控阵雷达；该雷达系统由两部分组成，即一部工作于X波段的AN/SPY-3雷达，以及一部工作于S波段的AN/SPY-4雷达。

前者的主要作用是可以探测“隐形巡航导弹”一类的目标及对一系列

舰载防空武器提供火控雷达照射；同时还可以对进场降落的飞机进行跟踪引导。作战时，“福特”级航母不但可以用自卫武器攻击敌来袭目标；在必要情况下，也可以为编队其他战舰的防空导弹提供火控制导。作为一部集成化雷达，AN/SPY-3 型雷达在功能上可以同时取代现有的 AN/SPS-67 海面搜索雷达、AN/SPQ-9B 和 MK-23 近程跟踪和火控雷达、AN/SPN-41 和 AN/SPN-46 进场控制雷达。

双波段雷达中的 AN/SPY-4 雷达，则主要负责对海空的搜索，能精确地对目标进行跟踪分析，并将其数据传给 AN/SPY-3 雷达进行进一步的处理。在装备了双波段雷达以后的“福特”级航母，不再只是一座大型浮动的海上“攻防堡垒”；它的探测与指挥控制能力也得到了空前的加强，成了真正意义上的舰队核心。

对于人们最为关心的舰载机配置，“福特”级航母计划搭载 75—90 架舰载机。似乎在载机数量上并没有太大的提高，但由于“福特”级航母将装载批量 F-35C“闪电”型舰载机，从而实现战力质的飞跃。

F-35C“闪电”型战斗机，是世界上首款装备航母的第四代高超性能的战斗机。与空军的 F-35A 不同的是，舰载型 F-35C 飞机的机翼和垂直尾翼的面积有所加大，同时机翼和尾翼设计为可折叠的。在加油机协助下，其作战半径超过 2200 千米，被美国海军视为新一代空战利器。

除 F-35C“闪电”型战斗机之外，“福特”级航母还将装备 E/A-18G“咆哮者”电子战飞机；作为 E/A-6B“徘徊者”的替代者，在 F/A-18C/D“大黄蜂”机体上改进而来的 E/A-18G“咆哮者”电子战飞机，被美国海军誉为当今战斗力最强的电子干扰机，又是电子干扰能力最强的战斗机。

E/A-18G“咆哮者”电子战飞机曾有过非常神奇的“战绩”：在美军组织的一次比武中，E/A-18G“咆哮者”模拟击落了一架 F-22“猛禽”战斗机，这也是美军历次比武中 F-22 战斗机被首次击落，由此 E/A-18G“咆

美海军 X-47B 无人机执行任务图

哮者”在美军中声名大噪。

除了有人战斗机外，美军还计划在“福特”级上首次装备 X-47B 察打一体无人机。这种舰载无人机极具智能化、小型化的特点。在未来作战中，美海军已在试验在使用有人战机的同时，指挥控制数架无人战机遂行作战任务，这将大幅度提高作战效率。

“福特”级航母还是各种新概念武器的“集大成者”：包括各种新型电磁轨道炮、激光武器、粒子束武器等等。未来海空战场出现扑朔迷离、激烈异常的交战场景，将不再只是科幻影片中的虚构，正成为残酷的现实。

应该承认，作为美国海军划时代的“未来航母”——“福特”号的技术、装备和武器都是领先全球的；它的服役将会对今后美国的海空作战和地区安全战略产生深远的影响。

不过，一种全新的技术和装备“集合体”，是否就一定全能与无敌？那也未必！常言道，一物降一物！随着“福特”级航母的问世与服役，必然会出现诸多克星与天敌与之 PK！

第 4 章 中国航母梦

4.1 陈绍宽和他的“航母蓝图”

说起中华航母梦，不能不先提一提中华航空梦。中华航空梦最早应该可以追溯到 1909 年 9 月 21 日。这天，被誉为“中国航空之父”的冯如驾驶着从机翼、方向舵、螺旋桨到内燃机等大小部件全部自制的飞机——“冯如一号”，在美国奥克兰市上空翱翔了 800 米后安全着陆。这一航程比 1903 年美国莱特兄弟首次试飞距离要远 3 倍以上，使当时西方世界为之震惊。中国人能够制造飞机并熟练驾驶它，特别是后来冯如携带着他的团队自制的两架飞机以及制造机器回国效力，自然勾起许多有识之士对于大型战舰与飞机完美结合的航母的无限遐思。

冯如自制的“冯如一号”飞机

然而，中国真正拥有雏形航母，那还是 1926 年的事。东北海军在秦皇岛成立了一支“水上飞机队”，最初在葫芦岛设立了陆上场地。张作霖聘请原滇军唐继尧麾下的云南航空处飞机师、华侨黄社旺担任中校队长，并将 1923 年就购买的“镇海”号运输舰改装为水上飞机母舰，同时为它配置了由法国订购的两架“施来克”FBA–19 水上飞机。

这种法国研制的“施来克”FBA–19 型水上飞机，是“施来克”FBA–17 型的改进型；机长 12.87 米，翼展 8.94 米，主机为 220 千瓦的“伊斯帕诺·斯维萨”前拉式发动机，速度达 180 千米 / 小时；这架飞机的飞行高度还曾创造过水上飞机的世界纪录。但这种水上飞机在实施攻击时，母舰必须先停航抛锚，然后用起重机将飞机吊到海面上再滑跑起飞升空；回收则采用相反程序。

“施来克”FBA-19 水上飞机

7 月 22 日，“镇海”“威海”两艘舰奉命航行到连云港发起攻击；他们先将“施来克”飞机吊放到水中，随后对海石、新浦等地目标投下数枚炸弹实施攻击。这次攻击开创了中国“雏形航母”使用水上飞机打击对方的先河。

东北海军“镇海”号水上飞机母舰

民国海军上将陈绍宽

在中国海军的早期发展史上，有一个人不能不提及：他就是曾任国民政府海军部长、海军司令的陈绍宽海军上将！与此同时，人们也会联想起他殚精竭虑，为之奋斗的那段令人感动而又略带苦涩的航母畅想。

当年，陈绍宽这位意气风发的青年，刚满17岁就考进南京江南水师学堂，专攻航海技术。1908年他毕业后，先是到“通济”练习舰见习，次年实习结束后被授予少尉军衔。辛亥革命后，任“镜清”练习舰上尉大副。1914年，他又被调到北洋海军司令部任少校副官。1915年12月5日，革命党人意图夺取“肇和”号军舰，陈绍宽组织指挥“海琛”、“应瑞”两舰进行截击；因为这项“功劳”，他在北洋政府的海军之中受到重视，不久又被破格提升为“肇和”练习舰代理舰长。

第一次世界大战中，航空母舰开始崭露头角，舰载机也日渐发挥越来越大的作用。为了缩短与西方列强不断拉大的差距，尽快建设一支现代化的海军，当时的中国海军高层也想了各种补救措施。在第一次世界大战爆发后，北洋政府海军部正式派出两名年轻的军官赴欧洲观战，以便从现代海战中汲取经验教训，其中就有刚到美国学习过飞机和潜艇操作技术的陈绍宽。

1916年12月，他踏上了前往欧洲的征程。他先到英国，接着又赶赴法国、意大利等国考察海军；然后再登上英国皇家海军的战舰亲临战场，体验欧洲海战场上异样的火药味。此后，英国相继进行了“竞技神”号航空母舰的改装，接着又将“恩加丹”号、“女皇”号、“坎帕尼亚”号、“勇敢”号、“光辉”号、“暴怒”号等大型舰艇改装成水上飞机母舰。到一战结束时，英国一共改建了 15 艘水上飞机母舰。

这批母舰及水上飞机为海战增加了不少新的亮点。在达达尼尔海战中，英国海军一架水上飞机奉命离开了母舰进行出击，将一艘 5000 吨的土耳其军舰炸沉，令参战各国刮目相看。

英国“暴怒”号航母；图中有两人力图拽住飞机使之降落

就在战争即将结束前夕，英国皇家海军又敢为天下先，采取了一项大胆的举动：对正在建造中的“勇敢”级轻型巡洋舰 3 号舰“暴怒”号实施彻底的改装，不仅拆除了舰炮，而且加装了 86.6 米长的飞行甲板，还安装了简单的阻拦降落装置，使其成为世界上第一艘真正意义上的航空母舰。“暴怒”号航母一出手，果然不负众望，1918 年 7 月从该航母上起飞的 7 架舰载机，轰炸了德国的空军基地，显示了它不俗的作战威力。可以说，陈绍宽欧洲之行的最大收获，就是目睹了世界上第一艘航空母舰的下水和作战。

面对海战日新月异的变化，陈绍宽认真观察，仔细琢磨，力争找出其中变化的规律，以及对于中国可资借鉴的经验。1917 年中国对德、奥宣战后，陈绍宽奉命直接参加英国的潜艇部队，与敌激战于大洋深处。他连续参加了三场海战，了解到航空母舰在海战中的巨大作用。从那时起，陈绍宽就下决心要把中国海军建成一支强大的海上力量，并一定要拥有数量可观的航母。一战结束后，陈绍宽留在英国担任了两年海军武官，更加深入了解了英国海军及其武器装备的发展。

1920年，学识颇高、阅历丰富的陈绍宽回到了祖国。当时的中国，军阀混战，民生凋敝。他回国后，很快就了解到这些情况，并十分清楚：今后一段时间内别说建造发展航母，就连较大型的战舰恐怕海军都不具备建造条件；想购买也面临两个字：没钱！

1928年12月29日，统治东北的奉系军阀首领张学良通电全国：从即日起遵守三民主义，服从国民政府，将北洋政府的五色旗换成国民政府的青天白日满地红旗。此举标志着：北伐的结束，国民政府完成统一，以及北洋政府的正式结束。张学良在东北易帜，蒋介石实现了形式上的全国统一。而早在1927年3月，时任北洋海军第二舰队少将司令的陈绍宽，也顺应历史潮流，毅然率舰队归附国民革命军，参加北伐并屡立战功。以拱卫京畿有功，获国民政府一等勋章和“中流砥柱”大勋旗。1928年，南京国民政府设立海军署，陈绍宽也顺理成章地出任海军署署长。此时的他对于形势十分乐观，认为建造包括航空母舰在内的大型战舰的时机已经到了。

1928年12月5日，刚刚晋升为海军署长的陈绍宽，亲笔撰写了《条陈扩充海军呈文》，提出了建设发展海军的若干建议；其中，有一条提到：“兹拟以最低限度，请添造驱逐舰四艘，约需1200万元；潜水艇二艘，约需600万元；巡洋舰三艘，约需3000万元；航空母舰一艘，约需2000万元。”正是此条建议的最后一项，让陈绍宽成为中国提出建造航母的第一人。

对于陈绍宽有关建造航母的呈文，蒋介石内心是不屑一顾的。此时的蒋介石心里盘算的是如何加紧谋划从各派手里取得更多的军权，而对于海军的派系归属和真正作用，实际上一直存有戒心。在蒋介石授意下，在一次全国编遣会议上，陈绍宽所提的建造航母的议案，与其他提议一起被否决。见此状况，陈绍宽与杨树庄、陈季良当场愤然离席，以示抗议。

由于海军技术复杂、派系众多，蒋介石担心海军一旦群龙无首，局面将很难收拾。于是，他赶忙出来安抚陈绍宽，做出建设海军的承诺，声称要把原来打算在 15 年内建造 60 万吨舰艇的计划缩短为 5 年内完成，其中包括建造 3 艘航空母舰。

陈绍宽被蒋介石大力发展海军的承诺所打动，于是打消了辞职的念头。自担任海军署长后，陈绍宽在所有的海军建设规划中，都将航母的建造作为海军建设的一个重要组成部分，就连停泊航母的海军基地他也想好了，在胶州湾、象山港和大鹏湾。陈绍宽还让在英国学习的海军留学生将英国各舰队的情况写成报告，呈送海军部，以资借鉴。不久，他又在海军内部掀起了一场关于海空军配合作战的大讨论。1934 年，他根据参加欧洲海战的经验，写成了《海战》一文，并对“海战中的飞机”进行了专门论述。他写道：“现代海军在海战时，欲取攻击手段，必有赖于舰上所载的飞机。”

当然，蒋介石始终没有在海军建设上投入足够的经费。他当时夸下一句“造舰 60 万吨”的海口，完全是为了安抚陈绍宽的权宜之计，根本就没有当成实事来办。其实，他的注意力主要集中在发展投入少、见效快的空军上。

当时，除蒋介石外，国民党内部还有少数别有用心之人，出于派系斗争等原因的需要，也反对建设强大的海军。国民政府监察委员高友唐曾荒唐地提出，不但不需要建造航空母舰，就连现有的舰艇也不需要，应将之卖给商家作商船，将卖舰艇的钱拿来买 200 艘小艇守住海上出口就足够了。这些来自国民党内部的各种阻力注定让陈绍宽的航母梦难以成真；因此直到抗战爆发前，“航空母舰”也仅仅是挂在人们口头上的一个新鲜名词而已。

抗日战争爆发后，中国海军的抗战主要集中在长江中下游，最激烈的

民国海军在江阴自沉大量舰艇，以图堵住日海军西进的航道

战斗发生在江阴。1937年8月上旬，为阻止日本舰队沿江西上，国民政府用沉船在江阴建立了一道封锁线。

日军为了打通封锁线，动用航母上的飞机实施大规模轰炸，将防守封锁线的国民党海军第一舰队的几乎所有舰艇炸沉。此后，日本航母经常出没于中国沿海，配合陆上作战行动。尽管国民党海军受到重大损失，但日军的空中肆虐也让陈绍宽进一步看到了航空母舰的重要作用。

1943年11月，陈绍宽在充分汲取抗战实践经验教训的基础上，认真研究了未来海战的需要，代表海军部再次提出海军建设的规划。在这份宏伟的规划中，已不再只是海军拥有几艘航母，而是要建造几个航母群。陈绍宽设想，将中国沿海划为四个海军区：第一区从辽宁安东到山东半岛成山头；第二区从成山头到长江口；第三区从长江口到广东汕头；第四区从汕头到中越交界处。每个区都成立一支海防舰队，各拥有5艘航母，这样全国沿海共需要20艘航母，每艘航母造价18亿元。

这份耗资庞大的规划，很快便送到蒋介石的办公桌前，包括蒋介石本人在内的许多人看后均瞠目结舌；而陈绍宽则大义凛然地说："这笔钱国家是省不得的！"

客观地说，就当时中国的状况而言，陈绍宽上报的规划几乎没有实现的可能，他自己也明白这一点。当然，

被卷入内战的国民党海军战舰

他的目的是先给蒋介石吹吹风，预热一下。

总之，陈绍宽心中的航母梦始终在编织着、延续着……在抗战即将胜利之际，他动真格的了。1945年8月，他拉上军政部部长陈诚、铨叙厅（主管人事）厅长钱卓伦，结合现有海军舰艇情况，制订了《海军分防计划》。这份计划是在几年前的规划基础上经过大量修订才完成的：其中很重要的一部分，是将当年拥有航母的数量从20艘减为12艘，目的是让更多的人接受这一方案；而且，这回陈绍宽作了充分的解释，称这12艘航母不是一次完成，整个期限为30年。第一个十年计划先造1万吨和8000吨航母各一艘，每吨造价6280美元。

正当陈绍宽雄心勃勃地准备实现建造航母的计划时，内战的阴云开始笼罩中国大地。此时蒋介石的脑海中思考的主要问题是如何购买大量的地面和空中装备，来打败共产党；而建设海军早已被抛在脑后，更别说耗资巨大的航空母舰了。

1946年6月，大规模的内战全面爆发！蒋介石发动了对解放区的进攻，同时还命令陈绍宽率领海军前往山东围剿解放军。见此情景，陈绍宽以“海军还未恢复元气”为借口，率主力舰队南下台湾考察。蒋介石得知后，拍案大骂，免去了陈绍宽海军司令一职。此后，陈绍宽心灰意冷，他的航母梦自此烟消云散。

4.2 新中国的“航母梦”

1949年新中国成立后，中国共产党人非常重视海上力量建设与海军装备发展。1958年，毛泽东主席率先提出发展航母；同年6月21日，他在一次军委扩大会议上提出要建造被称为“海上铁路”的远洋船队和航母。人民海军迅速响应这一号召，马上制订规划，并计划于20世纪60年代初开工建造航母。

可惜，1958年的中国国民生产总值虽是1950年的3倍，但总体经济实力仍然不强，科技水平不高，工业基础也较差。这年国民生产总值不过1307亿元人民币，而军费开支仅有50亿元，仅占国民生产总值的1/26。这本来就不多的军费，除去军队人员的吃穿费用，再扣除训练、施工和营建费，武器采购费只剩15亿元；而当时购买一艘满载排水量1661吨的苏联驱逐舰仅单价就需3000万元人民币。因此，海军的经费只能购买数量极其有限的大舰，而更多地却要依靠单价几十万人民币、排水量不过几十吨的鱼雷快艇、护卫艇来维护和保卫我国的近海安全。

自20世纪60年代初期起，中国每年的国防费用比之50年代略有上涨，但也仅有60亿元人民币左右。海军装备费用在各军兵种排名较后，每年大约只有2亿元人民币左右；可以说，在当时条件下根本不具备建造航母及其舰载机的经济基础和技术能力。

从1971年开始，“文革”的动乱局面稍有扭转，中国的经济也开始逐渐复苏，于是航母工程再次被提到了海军的议事日程上。可惜，不久航母议程又因各种因素被放了下来；其中的最大制约因素仍是军费问题。在此后大约十年的时间内，中国军费一直维持在170亿元人民币左右，每年50多亿元的装备费中，海军依然仅有几亿元；加之造船能力及一些关键技术难题仍无明显提升和有效解决，所以中国要想自行设计和建造现代化的航空母舰仍有很长的路要走。相比之下，随着物价的上涨，海军建一艘3000吨级驱逐舰的费用却升至1亿元，所以要想批量建造舰船更变得力不从心。与此同时，即1975年美国建造的“尼米兹”号核动力航母造价已高达7.25亿美元。如此巨额费用，中国海军几乎不能想象；况且当时国内的科技水平，也无法设计与建造出航母上所使用的最为关键的舰载机。

1979年1月18日，主持军委工作的邓小平谈及中国航空工业发展时，特别强调：“要取得制空权。否则，什么仗都打不下来。”纵观二战后及20世纪90年代以来发生的几场现代局部战争，首先实施突袭的是巡航导弹、陆基飞机和航母舰载机，主要目的就是要率先夺取和掌握空中优势；我国在保卫南海特别是南沙群岛的海洋权益斗争中，最为突出和薄弱的问题就是缺乏空中掩护，而建造与发展航母及舰载机正是解决这些问题的关键所在。

1985年，广州黄埔造船厂购买了一艘澳大利亚退役且以废钢铁价格出售的“墨尔本”号小型航母，准备将其拆毁卖钢材。

该舰由英国1943年建造，20世纪60年代进行过一次较大规模的改造。

它的标准排水量14200吨、满载排水量20250吨；船体长211.2米、宽24.8米；最大航速25节，最大吃水深度7.2米；舰上还装备有4门47毫米炮，12门40毫米对空火炮；按设计标准，该舰共可搭载42架固定翼飞机。

澳大利亚“墨尔本”号航母

“墨尔本”号航母被拖到中国时，尽管拆除了舰上所有的武器和电子设备，不过我国相关人员仍然对其构造进行了较为系统的考察和研究，学到了不少知识，这对中国自行研发航母提供了一定的借鉴与帮助。

1988年3月14日南沙赤瓜礁海战，我人民海军取得了胜利，但因空中掩护问题，使得中国国内建造航母以解决海上作战行动的呼声再起。后来，当时主管海军的刘华清在其回忆录中写到，此时曾计划，“‘七五’(1991—1995年）开始论证，‘八五’(1996—2000年）搞研究，对平台和飞机的关键课题进行预研，2000年视情况上型号”。不过，此时国家下拨的军费开支也仅有309亿元；因当时人民币贬值，连维持军队运转都显得不足。鉴于多种原因，航母研制计划最后还是被否定了。

20世纪90年代，中国航母计划被取消的重要原因之一，还在于航母建造价格会随着技术含量的提升而不断上涨。实际上，国外也面临着同样的问题。例如美国2001年下水、满载排水量达10万吨级的核动力航母“里

“基辅”号航母主题公园

根”号的造价，当时已经达到了45亿美元；扣除物价上涨因素，按购买力计算其价格，也比1975年下水的“尼米兹”级首制舰“尼米兹”号涨了5倍。

究其原因，主要是舰上的各种设施与武备，特别是电子仪器、动力装置以及防空导弹的质量和性能等都有了明显提升，生产价格自然就大幅攀升。

1991年苏联解体后，其海军第二代航母(也称“载机巡洋舰”)相继退役，其中“明斯克”号、“基辅”号也相继被中国娱乐公司购得；但由于这两艘航空母舰的设计与现代航母相去甚远，基本上没有改造价值，因此后来分别将其改造成主题公园。其中，地处天津市滨海新区的“基辅”号航母主题公园，总规划面积22万平方米，是以航母观光、武备展示、主题演出、会务会展、拓展训练、国防教育、娱乐休闲、影视拍摄八大板块为一体的大型军事主题公园。

自20世纪90年代中期起，中国改革开放的成果日渐显现，综合国力不断增强，军费也开始呈逐年上升趋势。不过，当时反“台独”军事斗争准备已成为我军的主要任务，而此项任务对航母并无迫切要求，所以发展航母的计划只得再一次推迟。

进入新世纪以来，中国经济持续高速度发展，国家财力和国防投入大幅增长，从而在根本上解决了建造航母的经济基础和研发费用。2000年中国的GDP约为8.9万亿元（人民币），军费则为207亿元；而11年后的2011年，中国GDP已达47.1564万亿元，军费开支增至6011亿元人民币，约合920亿美元；2015年中国的国防预算约为8900亿元人民币，约合1450亿美元。尽管如此，目前中国的军费开支只相当美国的1/4，但已是世界第二。由于中国发展战略已加速面向海洋，瞄准“海洋强国”建设目标，所以海军装备费也出现了显著提高，且今后还会视情况逐年增加。

中国在造船工业领域也有了长足的发展，为设计与建造航母奠定了坚实的基础。20世纪60年代前期，我国每年下水船舶仅20万吨，只能实行“军舰自产、民轮外购”的方针。2010年我国国内建造完成船舶超过4000万吨载重，占全球造船产量的43%。如今，中国造船业已可以建造超大型集装箱船、30万吨超大型油轮、不锈钢化学品船、海上浮式油轮以及液化天然气船等。近年来，通过引进和自建有世界先进水平的锻造设备，中国还解决了远洋巨轮的发动机自产；我国的船舶工业已形成包括科研、设计、生产、修理在内的完整产业体系，并有世界上最宏大的船坞，已具备建造大型航母的基础条件。

1998年，香港创律集团花2000万美元，买下了“瓦良格”号航母。而1991年11月，苏联解体时这艘航母仅完工60%左右，当听说“瓦良格”号准备卖给中国时，美国政府曾向乌克兰政府施压，横加阻挠，结果没有成功；于是美国政府又使了一个坏招：强迫乌克兰政府拆除了舰上所有装备，仅留下一个空壳体。

即便如此，这艘空壳航母依然命运多舛。1999 年 7 月，被拆空的“瓦良格”号终于踏上了漫长的航程。当它准备通过土耳其控制的博斯普鲁斯海峡时，土耳其有关部门却以船体过大、影响安全等为由，拒绝放行。于是，“瓦良格”号再次被迫退回黑海。

双方正僵持不下时，中国政府做出承诺：将负担“瓦良格”号通过海峡时可能造成的全部损失赔偿，并决定从国内派遣几艘大马力拖船，协助拖带“瓦良格”号。由于各种矛盾与问题均已解决，土耳其终于同意放行，但却提出了十分苛刻的 20 项条件，例如交 10 亿美元“风险保证金”，中国拖船须由土耳其指挥等。

2001 年 11 月 1 日，历经磨难的“瓦良格”号再次起航上路。这个庞

锈迹斑斑的“瓦良格”号航母

然大物在 11 艘拖船和 12 艘救难、消防船的拖带下，最后平安地通过了曲折狭长的博斯普鲁斯海峡。

此后，“瓦良格”号在爱琴海附近又遭遇大风暴，穿过直布罗陀海峡，再远绕非洲好望角……历经数月海上漫长旅途，行程超过 1.5 万海里，终于在 2002 年 3 月 3 日抵达我国大连。

2005 年 4 月，“瓦良格”号航母改建工作正式启动。刷油漆、做防锈处理、翻新甲板、安装雷达、加设新式武器……经过中国海军一系列改建、翻修，“瓦良格”号完全脱胎换骨，面貌一新。2011 年 8 月，航母首次试航，此后又接连完成了 10 次试航。2012 年 9 月 25 日，“辽宁舰”正式交接入列。从此，人民海军序列中，又多了一个崭新、巨大的舰种——航空母舰，以及搭载于该舰的歼 -15 战斗机和预警直升机等新机种。

中国海军第一艘航母“辽宁”号

如今，“辽宁”号航母编队时常游弋于祖国的万里海疆，继续开展各项科研试验和军事训练等工作。作为走向中远海海域综合海上力量的一个重要组成部分与显著标志，“辽宁”号正加速推动着中国从海洋大国向海洋强国迈进！

中国“辽宁”号航母上的歼 -15 战斗机

4.3 中国飞行员“勇闯”起降“训练关”

人们常说：航空母舰的“称雄之本”在于舰载机，而舰载机要充分发挥出最佳性能，很大程度上要靠舰载机飞行员的综合素质和训练水平。为此，长期以来，各航母拥有国海军都十分注意加强舰载机飞行员的训练和培养，并始终将舰载机飞行员培训作为航母培训体系中的“重中之重”。

鉴于飞机舰上的起飞和降落与陆地机场存在着截然不同的状况，而且舰载机执行任务具有多样性和不确定性，因此舰载机飞行员的培养和训练，要远比陆基飞行员复杂得多，也艰难得多。

众所周知，即使当今世界上最大的核动力航母，如美国“尼米兹”级航母的飞行甲板长度，也不及陆地普通机场跑道的六分之一，所以舰载机

美国航母上 F/A-18F“超级大黄蜂”战斗/攻击机

飞行员想要在海洋中行驶的航母上安全起降，就必须熟练地掌握短距起飞和甲板着陆的复杂技术；特别是海上完全没有参照物，飞行员常常会出现“海天一色”的错觉，甚至出现直接冲向海面的严重后果。

舰载机飞行员在整个飞行训练过程中，最基本也最困难的，当属飞行甲板上的起飞和降落这两个阶段的训练；而这之中又以着舰训练难度最大，也最为危险。曾有一段时间，连美国航母舰载机飞行员都自嘲：航母舰载机的拦阻着舰完全就是一种“可控的坠机”游戏！这是因为舰载机飞行员在着舰时不允许其关闭发动机，下滑到航母末端后要用主起落架轮着舰；同时须用机身后下部的尾钩勾住飞行甲板上四根拦阻索（现在也有采用三根，例如美国从“里根”号航母开始就采用三根拦阻索）中的一根。随后，拦阻系统依靠液压装置强行让舰载机在七十几米的滑行距离内减速并将其拉停。

确保拦阻安全着舰的首要一点，是要让飞机准确地落在拦阻索区域内，唯此才能保证尾钩能勾住拦阻索；而这一区域的长度大约为 40 米。因此，

美国“里根”号航母即采用三根拦阻索

飞行员要确保飞机能稳定地落在该区域，他的操作难度相当高；如果尾钩没能挂住拦阻索，则整个着舰就意味着失败，必须马上轰油门重新起飞。但是，飞行员判断飞机着舰究竟是否成功，是否要再轰油门，时间只有1秒左右。一旦判断失误，就会出现机毁人亡的严重事故，所以这对飞行员的判断能力和心理素质均要求极高。大量的统计数据表明，各国航空母舰的舰载机训练损失，绝大部分发生于拦阻着舰阶段。

航空母舰的拦阻着舰训练之所以难度大，还在于航母及其舰载机所使用的设施极其独特和空间非常狭小的缘故。在陆地机场，普通飞机着陆时一般都需要关闭发动机，放出减速伞，采取减速滑降等措施来保证着陆安全；而航母由于其飞行甲板长度和宽度均非常有限，且舰体本身又始终处于颠簸摇摆的多维运动状态下，加之海上风速和涌浪的多变影响，从而导致整个着舰过程与常规陆基飞机的自行减速滑跑方式大相径庭。

如今，装备了航母拦阻降落系统的法国、美国、俄罗斯和巴西，都极为重视海军飞行员的着舰训练工作。为了确保拦阻时的最佳效果，一些国

位于克里米亚的“尼特卡”训练中心

家专门设立与航母上雷同的陆地着舰训练设施。1976年，苏联海军就在克里米亚半岛的萨基空军基地修建了一座拥有大型舰载机陆上模拟系统的训练中心，该中心包括：模拟航母甲板、滑降航迹定位器、无线电信标以及光学助降系统等在内的全套航母训练设施，主要培养飞行员在航母甲板上的起降操作技术。

从远处望去，这个中心的舰载机地面训练设施与“库兹涅佐夫”号航空母舰甲板设施颇为相似，尺寸几乎完全是等比例建造的：包括起飞跳板、拦阻机构，以及雷达、光学着陆导引系统等。这套系统自1982年正式投入使用以来，对苏联航母舰载机飞行员训练和培养起到了非常重要的作用。十分有趣的是，飞机的起飞和降落的甲板下面，都配备有巨大的液压装置，可以使甲板以一定角度侧倾变化，用于模拟航母在海上航行时产生的横摇；滑跃起飞跑道上还装有用于阻止飞机在发动机达到起飞推力状态前移动的液压阻挡器。为了使环境更加逼真，该中心机场上还建有模拟航母舰桥的塔台；装有进近引导雷达及与舰上相同的飞行指挥系统。

目前，美国拥有 10 艘“尼米兹”级核动力航母，因其数量多，训练模式成熟，加之有众多经验丰富的飞行教官和指挥员的“传帮带”，早已摸索并形成了一套完整、系统的培训体系和训练方法。

但在 1958 年之前，当时美国海军飞行员的训练的确存在许多“不尽如人意”的地方：最初由飞行航校毕业的飞行学员是直接补入舰载机作战联队的（应该承认，他们在航校训练是相当严格的：航校头一年时间，主要采用多种教练机阶梯形教学；先对飞行学员进行分流，将不适合操作喷气式舰载作战飞机的飞行学员淘汰）；但因缺乏到部队后的有效训练方法和成功经验，且无法进行专项训练，结果导致这些飞行学员形成战斗力慢、事故多，造成航空联队训练质量明显下降。

针对这些现象，从 1958 年起，美国海军专门成立了六个训练联队，下辖 23 个补充训练中队，专门负责培训由飞行航校毕业的新飞行学员，先打牢他们的基础。这一招果然“灵验”，在训练联队优秀教官的精心培养下，进入训练联队的新飞行学员在较短时间内就分别完成初、中、高级航空训练。

各国在航母发展上，特别是在舰载机飞行员培养方面的经验教训，给中国海军提供了有益的借鉴。

2005 年 4 月 26 日，“瓦良格”号开始入役改装，加装了电子信息系统、武器系统等。中国开启了中国航母的发展新纪元。

然而，众所周知，航空母舰是以固定翼舰载战斗机为主要武器的军舰，中国有了航母，但并没有舰载机，于是发展一款适合的舰载机便提上日程。

1996 年 12 月 6 日，中俄达成协议，由俄罗斯提供技术与飞机零件，协助沈阳飞机工业公司在中国生产苏 –27SK 战斗机，协议规定首先由阿穆尔共青城制造厂提供全套部件，由中国组装然后再逐步国产化。引进后中国改称该机型为歼 –11，这是一型双发动机、重型、远程及全天候制空战斗机。歼 –11 与苏联原定在“瓦良格”号上配置的舰载机苏 –33 师出同门，均发展自苏 –27 战斗机。因此，以歼 –11 为基础发展中国新一代舰载机便成为最好的选择。

21 世纪初期，中国一次重要的战机购买又大大加快了中国舰载机的发展。这次中国从乌克兰购得了一架苏 –33 舰载战斗机的原型机。苏 –33 是苏霍伊设计局在苏 –27 战斗机的基础上于 1984 年 4 月 18 日开始研制的，为配合苏联海军“库兹涅佐夫”级航空母舰而发展的舰载机，也是“瓦良格”号航空母舰的制式舰载机，设计初期称之为苏 –27K，到 1988 年一共生产了 9 架原型机，其中两架在乌克兰尼特卡舰载机训练中心进行试验。苏联解体后，这两架苏 –27K 被划为乌克兰所有，而乌克兰无力进行苏 –27K 的后续发展，只能进行封存。有了这架苏 –33 原型机及国产歼 –11 的制造经验，中国很快设计、制造出自己的舰载机歼 –15。2009 年 8 月，中国第一架舰载机——歼 –15 舰载战斗机进行了首次陆基飞行测试。

在航母建设和舰载机设计、制造取得较大进展和突破的时候，海军首批舰载机飞行员的选拔随即开始，中国终于开始了对自己舰载机飞行员的培养。

2015 年 10 月 9 日，中央电视台《新闻联播》播放了一段时长不短的视频：2012 年 11 月 23 日，中国海军“辽宁”号航母迎来了历史性的时刻，功勋舰载机飞行员戴明盟驾驶国产歼 –15 舰载固定翼战斗机，在舰上顺利地完成了第一次拦阻着舰试验；随后又进行了舰上的首次滑跃起飞试验。这次着舰 / 起飞试验的圆满完成，是辽宁舰舰史上的一小步，但却是中国航母、海军航空兵、海军发展史上的一大步！它标志着中国海军从此有了真正意义上的舰载航空兵，中国的远洋海军之路由此正式起步。

功勋舰载机试飞员戴明盟

早在2006年，戴明盟就已先后飞过9种机型，累计飞行时间超过1000小时，其中三代战斗机飞行时间超过500小时，能熟练掌握各型战机的飞行技能，并成长为“海空雄鹰团”的一名大队长。海军选拔首批舰载战斗机试飞员时，戴明盟便成为为数不多的遴选对象之一。踏入舰载战斗机试飞员行列后，戴明盟在日常训练和试验飞行中越来越清楚：要掌握好舰载机驾驶技术绝非易事，且风险系数极大。大量的数据表明，航母舰载机飞行员的风险系数是航天员的5倍、普通飞行员的20倍。

三年的舰上飞行实践，戴明盟感触非常深刻：我们平时看航母俨然是个庞然大物，但实际上我每次驾机着舰，从空中看航母甲板，就如同一张邮票大小。不仅如此，航母处于航行状态时，海上气流也极不稳定，舰载机要俯冲着舰，就要不断调整姿态，这些都给着舰增加了难度。

戴明盟首次着舰驾驶的552号舰载机

对于着舰，一位专家有过这样的描述：舰载机

知识卡

红视现象

飞行员当负荷载过高，以约 2G 加速度开始，惯性力把血液从足部推向头部，使头部形成高血压。飞行员会感觉全身的血液都涌向头部，眼睛大量充血，眼前一片红色，就像戴上了一幅红色眼镜；此后即使飞机改出，飞行员脑袋仍会感到刺痛、脸胀，且睁不开眼。

着舰就好比在高速运动时的“穿针引线”；时速 200 多千米的飞机，要想精确地降落在宽度不及陆地机场跑道一半，长度也要控制在航母甲板的阻拦索之间的有限空间，其难度和操纵技术远远超过驾驶一般的陆基飞机。更困难的是，舰载机着舰时不是减速而是加速，以确保尾钩万一钩不住阻拦索时能够迅速复飞，重新拉起升空、飞离航母。当尾钩钩住阻拦索时，由于是高速着舰，因此飞行员的颈椎、腰椎都要承受巨大的冲击力；特别是惯性的作用，舰载机被尾钩钩住的那一瞬间出现“红视现象”。

美国曾披露过一份资料，其航母发展某阶段，平均每 2 天就会摔 1 架飞机；从使用航母至今，美国共死亡航母舰载机飞行员 1000 多名，其中仅 20 世纪八九十年代就死亡 400 多人。即便技术相对落后保守的苏联，虽然多采用滑跃起飞的技术和数量少得可怜的航母，但也为此付出了不小的代价；20 纪七八十年代苏联发展航母时，也先后付出了 150 多位舰载机飞行员的生命。印度的小型航母虽然只能用“海鹞”垂直/短距起降战斗机，操作相对容易和安全些，但也摔毁了 40 多架战机。

对于在滑跃式甲板操作的舰载机飞行员来说，每次在甲板上驾机起飞，由于滑行距离短，需要在最短的时间内把飞机加速到起飞速度。戴明盟等飞行员更是深有感触：瞬间加速，我们看到的前方起飞甲板，根本不是 14° 的斜面，而是一扇迎面扑来的钢铁巨墙；在高速滑行的一刹那，都有一种加速撞墙的感觉。可以说，无论是着舰，还是起飞，对于舰载机飞行员来说，每次都是对生理极限的挑战，更是对意志心理的极限考验。有趣的是，每次飞机着舰停稳后，戴明盟都要调整一会儿才出座舱，走下飞机，以确保安全和身体的适应性。

总之，无论是美国的“多层次联合培养”，还是俄罗斯的“院校—训练中心”培养模式，航母舰载机飞行员都必须面对特殊的要求和诸多困难。由此可见，扎实的飞行技能、丰富的水面舰艇知识、良好的心理素质，正是各国航母舰载机飞行员必须具备的素质与目标。

4.4 未来中国航母什么样

航空母舰的制造对中国来说意义重大。它的建造与服役绝非仅仅增加了一种大型战舰，它将使整个国家海上力量体系化、综合化的高度凝聚起来，使这支大型综合海上战斗群可以大大地前伸到中远海。航母编队也将彻底变革传统的海上作战方式，从而使海军的指挥系统、编制体制、军事理论等方面发生质的变化。

当今世界上，有 9 个国家拥有航母，航母的类型也不尽相同：既有大型航母，也有中小型航母；既有核动力航母，也有常规动力航母。中国将选择建造怎样的航母？

自航母问世以来，各航母建造国就从未停止过这样的争论：究竟是建造大型航母好，还是发展中小型航母更有利？

其实这个问题取决于一国的经济、科技实力，也与制造国的国家战略、政治因素等密切相关。仔细分析，它首先取决于一个国家的军事战略与海洋战略。例如，冷战时期，美国奉行的是全球性远洋进攻战略，与苏联争夺世界霸权，广泛地实施海上前沿部署，主要依靠强大的海上实力和各种先进的武器装备，特别是众多航母战斗群和大量海外基地的兵力进行威慑，

新加坡“刚毅”号护卫舰

不让战略对手有能力对其挑战，最终得以制止战争、赢得战争。

冷战结束以后，美国由过去以遏制苏联，防止或打赢全面战争为主，转为“稳定世界秩序”，侧重“从海上出击”战略，谋求在他国近海海域打赢一场高技术战争。其后，美国的军事战略和海军战略又几经调整，但其称霸全球、争霸全球的实质却始终没有变。为了有效地应付日益多元与难以确定的对手，并针对海外基地大幅度缩减的状况，美国白宫和五角大楼坚持认为：保持和实现“前沿存在”的核心是依仗大型航空母舰战斗群、大型两栖战斗群、弹道导弹核潜艇、攻击型核潜艇、濒海战斗舰等新一代舰艇。

至于许多中小国家，其海军规模和舰艇数量十分有限，战略需求中根本就没有过多考虑发展中型以上战舰，因而自然也就谈不上发展大中型航空母舰。像东南亚的新加坡，其国土面积仅有632平方千米，海岸线长只有193千米，海军人数也就几千人。它的海军舰艇大大小小加起来，也就是大约60艘，舰艇总吨位为7万吨左右，尚不足美国现役“尼米兹”级一艘航母的满载排水量大。

对于这样一支仅在近海海域行动的海上力量，不仅拥有大中型航母派不上用场，就连小型航母也很难有其用武之地。

其次，选择大型航母还是中小型航母，取决于一个

美国“尼米兹”级航母最后一艘“布什”号

国家总体实力的强弱和军费投入的多少，特别是海军军费投入的大小。事实表明，现代大中型航母是一个地地道道的“吞金兽”，无论是其预研、设计，还是建造乃至后期保养，以及最后的报废处理，其花销都是一个天文数字。

以美国现役“尼米兹”级最后两艘航母为例，该级第 9 艘“里根”号核动力航母的建造费用约为 45 亿美元，而第 10 艘“布什”号则涨至 62 亿美元。

至于美国最新一代的“福特”级航母，其建造费已高达 105 亿美元。而这还仅仅是航母本身的建造费用，如果再加上其上的舰载机等武器装备费用,那更是一个天文数字。以“里根”号航母为例，除去本舰的建造费用，该舰的舰载机费用也是一笔不小的开支。舰上搭载40余架F/A-18C/E/F舰载机，总费用约40—45亿美元（2010价格）；5架E-2C电子侦察机,总费用4—5亿美元; 5架E/A-18G“咆哮者”电子战飞机，总费用超过5亿美元；11架MH-60R直升机，总费用8—9亿美元。粗粗算下来，整艘航母的舰载机总费用要超过航母本身的建造费用。如果再加上编队属舰的耗费，整个航母编队的全部费用将在200亿美元左右。按照全寿命期5—8倍来计算，整个航母“一生”的全部费用将超过1000亿美元。中小国家是无法承担如此高额的航母开支的。

第三，航母的规模也取决于国家、军队及海军高层领导人的偏好与决心。1949年5月，狂热支持轰炸机的美国时任国防部长约翰逊，毅然决定停止建造开工仅5天的“合众国”号大型航母，省下的经费用来购买B-36重型轰炸机。一批海军将领公开批评这位国防部长，但依然没能阻止住航母的停建。

苏联时期，赫鲁晓夫竭力反对建造航母，而极力倡导发展战略火箭军，认为航母只是核武器的“海上活靶子”，从而导致苏联航母发展进程整整落后美国20多年，直到1967年12月，苏联才有“莫斯科”号直升机母舰加入海军现役。

当然，它还与一个国家是否有适合航母驻泊的港口、基地，以及活动海域的水文地质条件等有很大的关系。

综合以上各种要求，可以看出：我国作为一个海洋大国，将需要中型以上的航空母舰。这是因为近些年来，我国的国防费用已随着综合国力的增长而明显增长；加上我国国家利益和海洋利益的不断拓展，我国进出口贸易90%以上要依靠海上运输; 尤其是我国的台湾省还没有统一, 我国“岛礁被侵占、海域被瓜分、资源被掠夺”的情况仍十分严重。因此，中国发展航母，没必要在小吨位上徘徊，我们极有可能先借鉴学习中型航母的建造经验，待时机成熟，再图更大的发展。

“辽宁”号的服役，只是解决了中国航母的有无问题，要想维护中国的海洋权益，保卫中国的核心利益，“辽宁”号只是中国海军发展的一个新起点。

究竟要建造多少艘航母，才能适合本国的需要，同时又不给国家经济造成过重的负担？这其实是各航母发展国都必须考虑的问题。环顾当今世界 9 个拥有航母的国家，除了美国拥有 10 艘大型航母之外，其他国家现役航母都只有两艘或一艘。

是这些国家不需要两艘以上航母吗？答案是否定的！如果按照航母正常的作战、训练、保养和维修的规律，一般至少要有 3 艘以上航母。具体说来，即一艘在海上巡逻，担任值勤任务，另一艘进行海上训练，还有一艘在船坞内维修保养。美国在太平洋和大西洋方向上各驻泊、部署 5 艘航母，基本上能应对这两个方向上的海洋事务。意大利海军基本的活动海域就在地中海，因而它的两艘航空母舰——“加里波第”和“加富尔”号完全能够满足其海上行动的需要。

至于其他国家，例如俄罗斯海军现在仅有一艘航母“库兹涅佐夫”号，按照其 4 个舰队海上行动的需求及其部署海域来看，其实是远远无法满足需要的。

俄罗斯“库兹涅佐夫”号航母

即使俄罗斯只应对最重要的北冰洋和太平洋方向，一艘航母也显得捉襟见肘，

印度的“维拉特”号航母

况且这艘航母已经入役20余年，很多设计理念和建造工艺都已过时，难以满足未来海战的需要。为此，近年来俄罗斯政府和军方高层多次提出要设计和建造6艘满载排水量为5—6万吨的核动力航母，分别在太平洋和北方舰队各部署3艘。印度海军进入新世纪以来，一直致力于实施3艘以上航母的发展战略，尽管眼下印度已有两艘航母“维拉特”号和“维克拉玛蒂亚”号，但是印度现正在自建航母“维克兰特”号（原称为“蓝天卫士”号）。英国海军也曾提出建造两艘“伊丽莎白女王”级大型航母；法国也决定在“戴高乐”号中型航母的基础上，再建造PA-2大型航母（满载排水量7.5万吨）。

由此可见，建造并服役两艘或两艘以上大中型航母，已是或将是世界大国或世界强国的必然选择。因此，作为联合国五大常任理事国之一，经济总量已居世界第二

英国“伊丽莎白女王”号航母，该航母采用双舰岛

的中国，出于对世界负责和维护祖国统一的需要，出于对日益增长的海洋权益维护以及海军海上行动的需求，在先突破航母有无的基础上，将总结经验、克服缺点，循序渐进，逐步发展3艘以上航母。

设计思想是航母的“灵魂”。美国海军现役10艘“尼米兹”级航母，仍都存在着雷达反射截面积较大的弊端；虽然该级最后一艘“布什”号在隐身设计方面有了很大的改进——舰桥尺寸明显减小，外表整洁光滑，全舰采用大量隐身涂料，因此使得全舰的隐身性能大为提高。但由于舰体结构上的固有缺陷，“布什”号航母的改进只能算是“小打小闹”的有限改进，其总体隐身性较差的问题，无法从根本上得到解决。

为了弥补现役航母的不足，美国最新一代“福特”级航母进行了全新设计：上层建筑采取集成化设计，舰桥体积明显缩小，并后移至右舷后部；飞行甲板和机库也重新设计与调整；配置舰载新概念武器，并使用隐身涂料和材料等。

与美国航母设计不同，英国的“伊丽莎白女王”级新航母则采用另外一种新颖的设计，该航母采用了“双岛”式舰桥设计方案，两个位于右舷的独立舰岛各司其职，前者用于航行操控，后者则以控制舰载机起降为主。“双岛”式设计大大提升了航母的抗打击能力，并减少了舰载机起降过程中的气流干扰，开辟了大型航母设计的一种崭新思路。

与此同时，航母的制造技术对一国的科技实力也是一个重大考验。如今，世界上有不少国家拥有了制造大型船舶的先进技术和设施，但并不等于他们就掌握了制造航母的技术。航母在整个建造过程中，要经过很多道工序。根据美国海军工程规范，通常美国航母建造时要经过船体放样、船体机件加工、船体装配、设备安装等 12 道“高精尖”工序。其中航母的船体放样最为关键，它需要标准化的大型试验水池、风洞及超高速计算机作为依托，目前世界上只有不到 10 家公司有能力完成这些工作。

航母的设计和制造是一个极其复杂的系统工程，我国在建造航母时，需要在他国老式航母船体上进行改装和加装新设备，并进行新技术的尝试，不断摸索建造经验，这都需要时间。但中国人的聪明才智是不可小视的，我们今后必然会设计和建造出拥有完全自主知识产权的“海上巨无霸”。

当然，仅仅只是建造出航母的船体还是远远不够的，因为大家都知道舰载机才是航母的“称雄之本”，它的性能优劣决定着航母的作战性能的高低。近些年来，高新技术的运用已使航母舰载机性能更突出、作战半径也更大。美国已经为其最新的“福特”级航母量身定制了第四代攻击战斗机——F-35C。这种第四代战斗机具有隐身性极佳、超音速巡航、机动性优异、载弹量大、多用途等特点，可以减少舰上搭载飞机的种类，充分实现“一机多用”的要求。

F-35B 垂直 / 短距起降攻击战斗机

为了进一步满足其两栖攻击舰的需要，美国海军和海军陆战队还联手研发了 F-35B 垂直 / 短距起降型攻击战斗机。

然而，由于技术水平的差距，绝大多数国家的航母舰载机，仍将继续瞄准第三代或三代半来设计。印度在设计、发展未来航母舰载机时就牢牢把握 3 艘航母通用的原则，坚持发展适合未来航母滑跃式甲板的米格 –29K 舰载机。新型的米格 –29K 舰载机在保留了强大对空作战能力的同时，注重提高了对地面的攻击能力，所以该机所携带的武器也更加多样化。此外，该机的火控系统还可以兼容西方生产的空对地武器，从而使该机所执行的任务更加多样化。

舰载无人机具有体积小、重量轻、成本低、费效比高、可避免人员伤亡等优点，正逐渐成为未来航母舰载机的主力机种。2013 年 5 月，美国 X–47B 舰载无人机从航母上进行连续起降试飞并获得成功。这种无人机的入役决非单纯地填补了美国航母舰载机机种的空白，更重要的是，它将有可能彻底改变未来海空战的作战模式。

可以说，航母舰载机性能的高低决定了航母战斗力的高低。从世界各国的研制经验看，舰载机的技术和它的制造，很难在短期内实现重大突破，所以绝大多数国家的航母舰载机均采用购买或引进的方式。我国也会在消化和吸收国外先进舰载机技术的基础上，研发和建造出世界一流的舰载机以及配套的发动机等关键技术。

从一定意义上说，航母就是一个大型的海上浮动机场。为了确保舰载机的出动、完成任务及回收的顺利，起飞和降落就成为其至关重要的环节。

有专家称，先进可靠的起飞和降落技术不仅是航母性能的重要标志，也是航母能否快速形成战斗力的关键要素。此话一点不假！平心而论，当今世界拥有航母的国家中，真正掌握可靠、有效舰载机的起飞弹射技术的只有美国一家，美国现役10艘航母全部采用C13-2型蒸汽弹射器，法国“戴高乐”号核动力航母上采用的也是购自美国的C13-3型蒸汽弹射器，巴西“圣保罗”号航母也装设的是美国的蒸汽弹射器。其他几个航母拥有国，几乎无一例外地采用了滑跃式起飞方式，即无须通过蒸汽弹射器施加外力，而借助滑跃甲板使舰载机腾跃升空。

虽然美国已与其他国家在航母起飞技术上拉开了很大的距离，但“山姆大叔”并不满足，仍在全力研制更为先进的电磁弹射器，现已取得了突破性的进展，有望在2016年服役的新一代“福特”级航母上使用。

与蒸汽弹射器相比，电磁弹射器的重量和体积都将减少一半以上，人力也可减少30%，而其加速性却可以根据舰载机的重量随之变化，既可弹射比较重的舰载机，也可弹射小而轻的无人舰载机。不仅如此，新型的电磁弹射器的维修时间短、成本低，效率很高，这将大大提高未来航空母舰舰载机的出动速率和作战能力。

舰载机起飞执行完任务后要返回母舰，这就需要用到舰载机拦阻降落技术。拦阻降落技术直接关系到航母回收飞机及保障降落安全。据统计，航母上 60%—70% 的事故都是发生在飞机降落时。所以，对于拦阻降落技术，各国海军非常重视，均投入大量的人力物力加以研发。例如，英国对于未来新航母的舰载机着舰技术不断进行新的探索，他们选用 F-35B 攻击战斗机采用短距起飞和垂直降落方式，同时还要求该机利用矢量推力减缓飞机进场的速度，并保留机翼升力不变。

鉴于航母舰体的特点，今后我国航母舰载机最初的起飞与降落方式，与俄罗斯“库兹涅佐夫”号将相差无几。但是，这种起飞与降落方式毕竟比较落后，尤其是其起飞出动率会大受影响，从而影响作战效能，所以从长远的观点来看，蒸汽弹射器或电磁弹射器将是我国未来航母所看好的选择。

动力系统是航母的“心脏”，它关系到航母在中远海域上航行的速度、加速性和续航力，对航母的海上作战能力将产生直接、重要的影响。世界各国由于科学技术水平不同，财力多寡不等，作战需求差异，因此对航母的动力系统要求也不尽相同。不过，多年来各国海军始终没有放松对先进动力技术的研制与发展，竭力加快本国航母动力系统更新换代的步伐。

自二战以来，美国航母上的动力系统轮换更替的速度明显加快。从“福莱斯特”级和“小鹰”级航母上的蒸汽轮机，到“企业”号航母上的 A2W 型压水堆，再到“尼米兹”级上的 A4W 型压水堆。美国现役航母已全部实现了核动力化，其续航能力变得越来越强，性能也变得越来越好。

不过，美国海军并不满足，又为新一代“福特”级航母设计建造了更新型的 A1B 型压水堆。这种核动力装置使用了 13500 伏的配电系统，所产生的电力是现役航母配电系统的 3 倍。在“福特”号航母 50 年的全寿命期内，A1B 型压水堆不必更换堆芯。这种新型核动力技术的应用，不仅大大延长了动力系统的寿命，而且单位价格也变得相对低廉。此外，美国未来的核动力航母还将逐渐实现全电力化，除了长寿命核反应堆外，还有高功率电力变换和调节系统，用于电力驱动、电磁弹射，发射电磁轨道炮、激光武器、粒子束等新概念武器。

另一个动力技术运用的典型是法国，多年来法国一直注重航母动力技术的改进与发展，但始终没有形成一套适合法国特点且成熟的航母动力技术。其动力装置方式选择上总是大起大落，从最初的常规动力到核动力，最终又回归到常规动力。1955 年法国海军开工建造的“克莱蒙梭”号航母，采用的动力装置为两台蒸汽轮机，其姊妹舰“福煦”号的动力装置也完全相同。1999 年进行“戴高乐”号核动力航母试航，没想到舰上的核动力装置故障频频：2000 年舰上两个 K-15 型核反应堆（发电能力达 2 万多千瓦），皆因与冷却系统线路没有任何接触，而无法实施冷却；2009 年该航母的驱动舱又出现过剧烈震动，两个连接涡轮机及其轴线的零件发生了故障。此外，该航母上还发生过方向舵震颤、隔音不完全，核反应堆耐压壳龟裂等多个涉及动力装置的突出问题。

在法国未来的 PA-2 航母动力装置的选择上，心有余悸的法国人决定不在 PA-2 航母上采用“戴高乐”号航母的核动力装置的改型，而决心重新启用常规动力装置——燃气轮机。这有几点原因：一是法国尽管耗资巨大，用了十几年时间发展了欧洲第一艘核动力航母，但航母核动力装置的毛病层出不穷。法国人至今不承认 K-15 型核反应堆在设计与制造原理上有重大失误，可事实表明：除了美国之外，其他国家在大型战舰上要使核动力装置实用化还有相当的难度；离海上航行无故障、稳定运行尚有一段距离。

二是核动力装置虽有可在海上航行极长时间，可减少庞杂的机械设备与传输设备，能节省出大量空间等优势，但它的防护也带来巨大的麻烦，其安全隐患和潜在的心理压力大大增加；有报道称，“戴高乐”号航母的核辐射严重超标。

三是采用核动力并没有实现航速的提高，反而出现航速滞后于其护卫舰只的现象。据说，采用核动力的“戴高乐”号航母的最高航速只有27节，而法国海军原先装备的“福煦”号和“克莱蒙梭”号两艘常规动力航母的最大速度则达到了32节，而其编队中的主要护卫舰只“卡萨尔”级防空驱逐舰和“乔治莱格”级驱逐舰的最大航速都达到30节，导致出现主舰航速落后于属舰，两者之间不配套等问题。英国人在燃气轮机领域的成熟经验及其所带来的巨大好处得到法国人的认同，所以今后法国如建造PA-2航母将采用燃气轮机。

动力装置对于我国许多作战平台来说，都是一个制约战斗力的瓶颈。我国今后的航母发展依然面临这方面的问题，所以只有先借鉴和运用成熟的动力技术和装置，然后再开发、研制其他动力技术，特别是核动力技术。对于一个油气资源越来越多地需要从国外进口的国家来说，大中型战舰选择核动力，是一个值得努力的尝试。

在航空母舰上，舰长及舰载机飞行员的重要性毋庸置疑。如果仔细研究世界各国航母舰长的成长历程，你会发现，航母舰长不仅是这艘大舰航海事务方面的“总指挥”，同时也是协调母舰和舰载机尽善尽美达成“适配”的“大总管”。

资料表明，绝大多数国家的航母舰长必须是飞行员或空勤军官出身，并有一定的航母起降经验和飞行时数。同时，遴选上的后备舰长还必须在两栖攻击舰或两栖运输船等大型辅助舰（船）上担任过舰（船）长。此外，他还应具备相应的高级机关和岸勤部队的工作经历。如此“折腾一番”，航母舰长个个就变得“身手不凡”：驾机、操舰、指挥作战和综合管理等方面几乎“样样精通”。更重要的是，他还是掌握和运用国际战略、外交手段、战争法，乃至与媒体良好沟通的“高手”。

舰载机飞行员作为航母上的“天之骄子”，从来也都是世人关注的焦点。鉴于舰上极其狭窄的空间与面积，舰载机飞行员培训的难度远比岸基飞行员大得多，危险系数更是比前者成倍增加。加之飞行中，海天常常混为一体的特殊环境，以及海上雾、盐、雨等恶劣条件，这些都要求舰载机飞行员除了飞行技术能力高超外，还必须拥有极优的身体和心理素质。

如果把航母舰长和飞行员比作“红花”，他们还需要许多“绿叶”来相扶。在众多“绿叶”中，首先要提及的便是舰载机联队长。舰载机联队长是航母舰长最得力的助手，他具体负责航母舰载机及其人员的管理组织和指挥作战。大型航母上的舰载机通常有几十架，战时甚至可达百架，且有七八个机种，因此只有最佳的调度，才能最大限度地发挥出航母及其舰载机的巨大打击威力和防御能力；否则必将延误战机，甚至遭受重大损失。由此可见，航空联队长不仅要充分了解各型飞机，其个人也必须具备出色的飞行经历、军事素养、指挥水平和管理能力等，这也奠定了他在航母上的重要地位与作用。

按照外国航母运转的经验，各类保障人员在航母上同样非常重要。在外国航母舰面上，穿着五颜六色服装的工作人员中，既有黄衣黄盔的舰载机起飞指示人员、黄衣绿盔的舰载机弹射官和拦阻装置官，也有白衣无盔的舰载机降落指挥官，以及蓝衣蓝盔的舰载机移动人员和轮挡员，还有红衣红盔的舰载机失事救护员等。这些人员在某种程度上直接掌握着舰载机升空、降落、战斗力生成及安全保障的“生杀大权”。

事实上，舰长、舰载机联队长、飞行员，以及上述大批保障人员（多为士官），构成了维持航母平时正常运转的“链条”。一些军事专家做过统计：即使最小型的现代航母，也需要各类士官和专业技术军官300人以上，这远远超出现役其他大型水面战舰、水下核潜艇所需要的数量。至于中型常规动力航母，需要各类士官和专业技术军官更是超过1000人，而大型核动力航母则至少需要 1500 人以上。以上所述，还仅局限于航空母舰单舰本身。实际上，航母从来都是以编队形式在海上实施活动的，航母通常还要依仗巡洋舰、驱逐舰、护卫舰、核潜艇及快速支援舰等众多舰船为其“保驾护航”；这支编队只要出动，就是一个立体、综合、庞大的作战体系，要指挥调动这么一支编队，就需要有一个高效、精干的编队指挥部；在外军，统帅这个指挥部的常常是官拜海军少将的编队司令。

实践证明，航空母舰无论从论证、设计、建造、舾装、服役，到维修、保养，再到退役报废，可以说耗费巨硕、技术复杂、培训麻烦、生成战斗力极其不易，影响因素极多。但环视各种要素，最关键的还是人才，因为“人是战争中武器装备的使用者、作战方法的创造者、军事行动的实践者”。正因为此，进入新世纪以来，人民海军也越来越重视包括未来航母在内的各种作战平台的人才队伍的建设与培养。

4.5 美国“福特”号航母对我之启示

2013 年 11 月 9 日，美国海军新一代“福特”级航空母舰的首舰——“福特”号正式下水；当时进行了各类舾装与大量试验，预计将于 2016 年正式加入海军现役。美国还计划在 2058 年之前建造 10 艘该级航母，作为未来海上力量的新生骨干。据美国媒体报道，“福特”号航母编队的目标是在未来数十年间，将成为任何一场有可能发生的海上冲突中的王者。

那么，如何评价这艘超级航母？它将如何部署与运用，会产生怎样的影响？而这对于“不可能只拥有一艘航母”的中国海军，又有哪些借鉴意义呢？

当下，美国海军仍拥有 10 艘世界上最先进的“尼米兹”级核动力航母。

美国“福特”号航母海试假想图

在这种情况下，美国为什么还要加力研发与试验更先进的“福特”级核动力航母呢？综合考虑，主要有以下四个原因：

首先，美国长期以来养成了当“世界老大”的痼癖，无论是经济、政治、外交、科技乃至军事，都想独领风骚。奥巴马曾发过“绝不当世界老二”的狠话，这当然包括军事、政治、科技在内的所有领域。在综合国力相对下降、军费削减的情况下，美国旨在通过部分武器装备的不断更新换代，来弥补其他领域的某些颓势；力争在大型作战平台和重型武器方面领先他国两代或以上，把其他国家远远落在后头，变“望其项背”为“望尘莫及”。

其次，美国的科学技术依然高速、全面发展，仍是全球科技的“领头羊”和精英荟萃之地。从诺贝尔奖设立至今，美国科学家几乎将一半的诺贝尔科学奖收入囊中，并拥有世界上 70% 的获奖者；且一直在诸多高新领域引领科技前沿，创新科学思维，而其科技成果转化能力也傲视群伦；不仅各种高新技术大量涌现，而且达成实用化和工程化的机制与能力都很强。美国大量的先进发明创造与技术储备势必在一个“集大成者”平台上得以展现，而“福特”号航母可以说是一个非常理想的载体和出口。

再次，美国海军长期以来始终存在着一个与其他军种争地位、争军费、争规模的惯性思维和强烈意愿。尽管它在三军中早已排名第一，但美国海军依然存有危机感，时刻担心空军和陆军在作用、地位及军费等方面会超过它；总想进一步得到国家高层和政府部门的青睐，获得更多的经费和支持，更快的武器装备换代速度，以确保其始终名列前茅。由于航母的作战能力强、威慑效果大，能更有效地应对各种危机和冲突，因此美海军希望通过建造最新款航母不断地给自己“添彩”，进一步提升地位。

第四，位于弗吉尼亚州的纽波特纽斯造船厂是美国规模最大的私人造船厂，也是美国唯一的航母建造厂商（10 艘“尼米兹”级和“企业”号核动力航母都由该厂建造）；几十年来，该厂每年至少从军方拿到 16 亿美

纽波特纽斯造船厂正在吊装“里根”号航母舰桥

元的研发和建造费用。这家拥有两万多员工的私营工厂，在建造最后一艘“尼米兹”级航母“布什”号之后，已“歇工”了近6年；如果不再接续新工程项目，该工厂将难以为继。

况且，从技术延续和人才保留的角度来说，也不允许航母建造周期的空档时间太长，否则有经验的工程专家和熟练技工将会大量流失。

下来再说说“福特”级航母又有哪些突出的优点呢？

第一，“福特”级航母采用了贝蒂斯核动力试验室的A1B核动力装置。现役“尼米兹”级航母装设的A4W核动力装置，虽然可供航母以30节以上航速连续航行多年，但占用空间较大、维修保养及安全防护相当麻烦，而且每隔七八年，至多十年就必须更换核燃料（炉心）。也就是说，在航母几十年的服役生涯中，必须数次进厂更换核燃料，耗时、费钱且影响在航率。而“福特”号采用A1B核动力装置后，减少了占用空间，而且50年不用更换核燃料，从而大大减少了燃料更换和维修保养的时间和成本，

美国“福特”号航母拟搭载F-35C战斗机

在航率明显提高，安全可靠性大为改善。

第二，该级航母可搭载 75 架各型先进舰载机。包括数量较多的 F-35C 战斗机，部分 F/A-18E/F 战斗机、E/A-18G 电子战飞机、E-2D 预警机、MH-60R 直升机，以及察打一体的 X-47B 隐身无人机。F-35C 战斗机具有极佳的隐身性和生存性，机动性好，可实施超音速巡航；在复杂电磁环境下的战场信息感知能力强，舰机适配性也相当不错。X-47B 无人机的后继机型（大约 2020 年形成作战能力）和无人潜航器，可为航母担负空中与水下实施远距离探测、攻击，是航母编队灵活机动的“左膀右臂”。

X-47B 无人作战飞机

第三，“福特”级航母将使用高起点的电磁弹射器和电磁拦阻装置。由于“福特”级航母核动力装置功率较“尼米兹”级增加了 25% 以上，且配备 13500V 输配电系统，供电能力则高达 20 万千瓦，是“尼米兹”级（6.4 万千瓦）的 3 倍多，能充分满足电磁弹射器所需的电力。在当今拥有航母的 9 个国家中，多数国家的航母仍采用滑跃起飞方式，唯有美国、法国和巴西采用蒸汽弹射器，而且后两国航母所使用的弹射技术都源自美国。在弹射技术领域遥遥领先的情况下，美国依然着手研发更为先进的电磁弹射器和电磁拦阻装置。这种电磁弹射器能够在 100 米距离内把飞机速度从零提升到 296 千米 / 小时，使战机出动率比蒸汽弹射器增加了 1/3，从 120 架次增至 160 架次以上。不仅如此，电磁弹射器既可弹射几十千克重的小型无人机，也可弹射 40 余吨重的固定翼舰载机。

第四，该级航母将配备电磁轨道炮、激光炮、高能粒子束武器等新概念武器。如美国已试验成功的电磁轨道炮，炮弹的最大射程超过 300 千米，最高时速将达 9010 千米。激光炮作为“改变战争模式”的武器，每秒速度达 30 千米，称得上“指哪打哪”，可用以击落击毁各型无人侦察机、小型船只、高速来袭导弹等。该级航母配备的电磁轨道炮、激光炮等新概念武器，将部分替代现役航母上使用的防空导弹、速射炮等武器，可明显缩短作战反应时间，增加拦截效能，提高航母的生存概率等。

第五，“福特”级航母隐身性能优异。它采用多种雷达、红外、电磁隐身措施，使可探测性明显降低。例如，舰桥由原先的两层变为一层，更为低矮、紧致，还被挪到甲板右侧较后端；飞行甲板也做了隐身设计，舰体的棱角及突起做了精心处理，舰体和表面大量使用多种吸波材料或隐身涂料；许多部位覆盖有隔热材料，排气管顶部装有红外抑制装置。

第六，该级航母配备有当今世界最先进的数位波形控制主动相控阵雷达——AN/SPY-3I/J 频段多功能雷达和 AN/SPY-4S 远程广域搜索雷达。前者采用包括三维立体式搜索在内的多种搜索和跟踪模式工作；并能追踪具有打击机会的目标且将其数据反馈给航母上的通用显示系统。

“福特”级航母虽然非常先进，但也还是有一些弊端的。

时至今日，“福特”级航母及其编队自身依然存在着目标过大且庞杂，容易被敌方探测发现的问题与不足。“福特”级航母虽采取多项隐身，但

正在下水的“福特”号航母

个头完全不比“尼米兹”级航母小，满载排水量也超过10万吨，因此其雷达反射截面积较大等不利于隐身的因素仍存在。尽管该舰从雷达、红外、电磁等诸多方面采取了隐身设计，但总体辐射值依然较大，在对方多种先进探测器材综合作用下，很难做到藏踪匿行。

不仅如此，该级航母装有两座A1B型压水堆及1.35万伏配电系统，供电能力20万千瓦（是尼米兹级的3倍以上），用以满足全电力推进系统、电磁弹射器以及各式新概念武器的用电需求是足够的。虽然其总体性能有所提升，但电路和动力系统容易出现故障，从而导致整个系统瘫痪。鉴于电力推进系统尚未成熟，前3艘“福特”级航母仍将以蒸汽涡轮直接驱动4轴螺旋桨。

此外，“福特”级航母采用先进的指挥、控制、通信、计算机与情报、监视、侦察（C4ISR）系统；而这些系统极易受到敌方电磁干扰和打击，从而影响舰上整个作战指挥、通信及火控系统等，造成作战失利。当然，航母上核动力装置的安全防护也比常规动力航母要复杂、麻烦得多，出危险的概率也较大。

还有就是，“福特”级航母使用新技术、新系统、新武器、新设施的比例超过 60%（而其他新型航母最多只采用 20%—30%），其中一些在试验或运行中出现过各样问题，有的迄今尚未达到设计要求，恐难按期交付使用。如到目前为止，电磁拦阻装置还存在不少严重问题；再如近期美国不少媒体就接连爆出，电磁弹射器的可靠性较差，有可能会导致飞行操作中出现系列延迟，从而影响航母舰载机的出动率；X-47B 无人机在 2013 年前 8 个月的 5 次着舰试验中，也有 3 次失败。

至于“福特”号的研制与建造费用过高，也是人们诟病它的话题。该航母共耗资 137 亿美元（研发费 32 亿、建造费 105 亿），是“尼米兹”级最后一艘“布什”号（64 亿美元）的两倍还多。从预算来看，“福特”级前 3 艘航母预计共将耗资 360 亿美元，这将成为美国海军史上最昂贵的航母；但其性价比到底如何，现在还很难断言。

随着美国“重返亚太”和“再平衡”战略的加速推进，很多人关心：“福特”级航母服役后是否会被部署到亚太前沿？它将给中国等东亚国家产生多大的威胁？以及美国是否会调整航母的部署和运用方式等问题。

据报道，“福特”号航母的入役或将延迟。而且由于该航母把大量从未使用过的新技术和新武器集于一体，美海军高层对其性能没有完全把握，因此在服役后肯定还要进行大量的科学试验、长时间的海上训练及人员培训。由此看来，“福特”号航母要形成战斗力并完成部署，至少要在 4—5 年之后。更何况，这个战斗力到底如何，还有待海战实践或高强度训练的检验。

但有一点可以断言，美国政府及其军方高层一时半会儿不会把这样一个价值137亿美元，加上舰载机及护航编队高达数百亿美元的“宝贝疙瘩”，部署到充满变数的前沿海域去执行任务。近年来，美军斥资超百亿美元全面升级关岛海空军基地，阿普拉军港已具备驻泊航母编队及常驻5—8艘核动力攻击潜艇的规模和能力；作为美国海军二线基地网轴心的珍珠港，因设施完备、装备先进，将来也有可能成为“福特”号航母的理想驻泊基地。事实上，“福特”号航母服役后极大可能部署到美国西海岸的圣迭戈港，或布雷默顿港，或埃弗里特港。

随着一些国家中远程弹道导弹的出现和打击威力的增加，今后美国各航母编队将较少可能进入他国的近海海域。在多数情况下，美航母编队将撤离至距海岸较远的海域实施威慑与作战。而对他国（如对中国）则依据“近海控制”作战理论，主要利用濒海战斗舰、DDG-1000隐身驱逐舰、“海上斗士”多用途舰、“弗吉尼亚”级攻击型核潜艇，以及F-22隐身战斗机、F-35隐身战斗机、“鱼鹰”倾转翼飞机等适合近海前沿作战使用的兵力兵器夺取制空权和制海权，把中国海军限制在第一岛链之内；而美航母编队则撤至第一岛链外，以最大限度地发挥美海空军“海空一体战”的效能。

届时，美国“福特”级航母编队将主要使用作战半径达1500千米（空中加油后可超过3500千米）的X-47B舰载无人机，先期进行长航时侦察，实现先敌发现、先敌开火、先敌毁伤；而F-35C舰载机则与之配合，实施进一步打击；水下无人潜航器也可以借助优异的探测装置，率先发现数千千米外的水下目标，并在必要时实施打击。

可以预见的是，“福特”级航母一旦入役，必将对国际战略形势产生相当的影响，主要会表现在以下诸方面。

一是有助于加大美国“再平衡”战略的力度，加快其“重返亚太”的步伐。自2009年1月奥巴马入主白宫以来，美国着力推动“再平衡”和“重返亚太”战略，力图挽回近10年因阿富汗战争和伊拉克战争逐渐丧失的亚太地区主导权和话语权。由于中国国力的增强，海空力量的快速增长，以及海洋利益的不断拓展，美国从20世纪50年代初主导建立的第一、第二岛链封锁线，已越来越难以遏制中国海上力量走向大洋。美国愈发感到自己对该地区掌控力度的下降。于是，奥巴马一上台就改变了小布什执政时期把大量财力、物力投向中东地区的策略，迅速从伊拉克和阿富汗等战场抽身，并将原先部署在中东和欧洲的许多兵力兵器陆续移师亚太地区。

实际上，“再平衡”战略目标主要针对的是中国和俄罗斯，把前些年美国在该地区的力量不平衡，再重新“平衡”回来。不过美国也很清楚：如今的中国已不再是20世纪90年代的中国，无论是经济实力还是军事实力都已得到空前增长；俄罗斯在普京的带领下也正加速走向复兴，近年来欧美等国虽对其制裁，使其实力有所减弱，但强大的军力还使俄罗斯常秀“肌肉”。相反，美国由于军费开支的持续削减，对亚太地区的控制越来越力不从心。急于改变现状的美国主要由两方面入手：一方面挑唆和怂恿盟友“闹事”，采取多种形式对中国实施全面、立体的包围；另一方面则通过发展新型武器装备、增强军事实力，应对中国军力的增长，扩大和保持在该地区的军事优势。

美海军经计算后认为，一个“福特”级航母战斗群的战斗力将是“尼米兹”级航母战斗群的3倍，海上威慑力和打击力也将大幅增强，可以进一步加快其实施“重返亚太”战略的步伐。

二是有助于美国保持其硬实力和影响力。美国经济总量占世界经济总量的份额，在二战结束时约为50%，2014年已下滑到约为22.5%（而中国所占份额已提升到13%—14%）。专家预测，到2015年以后，美国经济总量占世界经济总量的份额可能下滑到21%左右。虽然到2030年前后，美国在经济总量、政治影响力和军事实力等方面，仍将继续占据世界“头把交椅”；但美国政要及一些智库非常担心：中国将会在不久的将来全面赶超美国，因此决心要遏制中国可能对自己的各种挑战。所以，近年来美国一方面声言与中国建立新型大国关系；另一方面却加紧拉拢盟友伙伴，力图加大遏制力度，以达成进一步削弱中国的目的。

美国高层认为：进一步加强军事实力，特别是优先发展一些高性能作战平台及高精尖武器，将有助于以不高的代价，最大限度地弥补经济上的“瘸腿”以及“软实力”方面存在的明显不足。新一代“福特”级核动力航母、DDG-1000“朱姆沃尔特”级导弹驱逐舰、“自由”级濒海战斗舰、“弗吉尼亚”级核动力攻击潜艇，以及X-47B无人机、P-8A反潜巡逻机等，正是基于上述思想而先后出炉的。其中，“福特”级核动力航母因融合有大量高新技术、作战能力较强，以及与他国航母之间的2—3代差距，将带来“无法估量”的巨大威慑力和影响力。

美国“自由”级濒海战斗舰

美国“弗吉尼亚”级核潜艇

三是有利于加大美国实施战略威慑力及海空打击力。航母最重要的功能之一，就是逼近他国近海实施战略威慑及恫吓。例如，20 世纪 80 年代海地发生军人政变，美国迅即派出航母编队、起飞大量战机，使得军政府在强大压力下被迫交权。每当地区局势紧张，美国海军总会率先在作战前沿部署航母战斗群。如海湾战争前夕，美国海军曾先后在波斯湾、红海等方向部署了 7 艘航母，实施战略威慑并准备参与打击。美国在应对伊核、朝核、台海等问题时，也总是接连派出“尼米兹”级核动力航母实施战略威慑和展示“肌肉”。为了确保全球“前沿存在”并及时应对危机，长期以来美国海军始终保持 10 艘以上航母的规模。

随着各国反制能力的增强和中远程打击武器的入役，美国航母的威慑力和影响力有所下降。媒体报道，1996 年台海危机时，美国曾从波斯湾派出“独立”号航母战斗群前往台湾海峡，预定在那里与“尼米兹”号航母战斗群会合，但是当探知中国海军核潜艇紧急下潜出动后，美军航母便迅速后退200海里。自中国“东风-21D”弹道导弹入役后，美国“尼米兹”级航母几乎不敢再进入第一岛链肆意航行，这是因为航母舰载F/A-18战斗机的作战半径只有720千米左右，还不及中程弹道导弹最大射程的一半，这也是美国急于更换新一代航母及舰载机的重要原因之一。美国认为，如果“福特”号航母能按期服役，情况将会发生重大变化。届时该航母搭载的F-35C战斗机的作战半径将超过1100千米，而搭载的X-47B无人机隐身性能好、作战半径大（1500千米）、滞空时间长（达30小时以上），可以较好地对付“东风-21D”弹道导弹。

“福特”号航母战斗群还将是未来美国海空网络战的一个中心节点，它不仅集成了航母本身及编队的高新技术和武器装备，而且还将与空、天、陆、网、电的其他高新技术、武器装备实现有机链接，打造更强的战略预警体系和作战网络体系，从而对亚太地区的安全与和平产生重大影响。

四是有利于促进相关高新技术的集成应用，以及后续航母的更新替换。如前所述，由于“福特”号航母采用了超量的高新技术和诸多新式武器装备，到2013年11月也只是完成了首次下水，各项高新技术和武器装备到2016年能否都符合设计要求，确保未来海战及非战争军事行动的需要，目前仍存在变数。但“福特”号航母的立项、研发与建造绝非心血来潮，而是由美国拥有的诸多高新技术作为强有力支撑和保障的。“福特”号航母经过一段时间的检验和运行，会陆续发现存在的问题，从而促进各项相关技术、系统设施及武器装备的改进与提高，并为后续航母的更新换代摸索探路。

面对美军诸多高新军事装备的陆续入役，及其咄咄逼入的所谓“重返亚太”，也引发了我国的相关战略思考。

首先，除了加速发展“福特”级航母外，美国还十分注重发展诸如DDG-1000“朱姆沃尔特”级导弹驱逐舰、“自由”级濒海战斗舰、“海

“福特”号航母举行下水仪式

上斗士”多用途舰、“圣·安东尼奥”级船坞登陆舰等多种先进战舰，并将它们部署在东亚、西太地区乃至中国海域前沿，对我维护海上交通线、捍卫海洋权益、实施中远海海上作战行动产生极大的威胁。对此，我应尽早谋划、有效应对。

其次，历史经验证明，世界大国在迈向强国的进程中，必然要大力发展航母。如果大国海军不发展航母或试图绕过航母，最终还要走回头路，或者说现实肯定要让你补上这一课。这已为无数事实和经验所证明，苏联四代航母的曲折发展之路就是一个极其深刻的教训。

再次，航母不仅是世界大国迈向世界强国进程中一个极为关键的环节，也是大幅提升国家海军综合作战能力，使之体系化、综合化、远程化的必由之路。航母的顺利发展可以确保我国海军的两个支柱——航空母舰和核潜艇相辅相成、高速均衡地发展，也能全面提升我国海上作战力量体系化、综合化地推进。

第四，必须清楚地认识到：在今后相当长的一段时间内，即便是后续航母相继入役，我国航母与美国航母之间也依然存在着较大的差距；即便是未来海上发生战事，欲与美国航母编队较量，正确的策略也应该是充分依托岸基飞机、导弹及近海活动的潜艇、水面舰艇，乃至电子战、网络战等体系化综合力量。那种单纯用航母与美国航母进行对局“死磕”的战法，是不明智也是不可取的。

第五，我们要在战略上藐视“福特”级航母的威胁，在战术上重视“福特”级航母的挑战。实际上，集诸多高新技术和先进武器装备于一身的“福特”级航母，并非万能的、不可战胜的；中远程弹道导弹（如据报道所称的“东风 -21D”中程弹道导弹）、潜艇（特别是 AIP 潜艇）、电磁脉冲弹、廉价水雷，以及日渐增强的体系化作战力量，都可以成为其极难对付的天敌和克星。

第六，近些年，英国、印度、俄罗斯等多国都在建造、改装或购买符合本国特点的航母。印度正在建造第三艘“维克兰特”号航母，其自建与他国改装相结合的发展航母经验，有值得借鉴之处。俄罗斯这个曾经的航母大国，多年来曾间断性地高调推出其航母发展计划，普京多次强调要在 2020 年建成一艘新航母，并最终建成 5—6 艘 5 万吨左右的核动力航母。为此，我国应及时了解与掌握各国航母的发展动向，以及服役与运用的情况，为今后我国加速发展与有效运用航母提供有益的借鉴与参考。